ANTES DE CRISTO, DESPUÉS DE CRISTO

Una vida en Serio

JAIME TORRES

ANTES DE CRISTO, DESPUÉS DE CRISTO

Una vida en Serio

México
2018

REMA

Editorial REMA
52 (33) 38260274, 38260275
www.editorialrema.com
rema@editorialrema.com

ISBN: 978-607-9328-59-7

Diseño de portada y diagramación:
  Gerardo J. Vázquez Hernández

Revisión:
  Luz María Prado
  Héctor David Arciniega Cruz

Impreso en México.

CONTENIDO

PRESENTACIÓN

La escandalosa expresión de san Pablo: *"donde abunda el pecado sobreabunda el amor misericordioso de Dios"* (Cf. Rom 5,20), no es fábula ni ilusión. Las siguientes líneas van a mostrar que es una realidad el día de hoy, porque Jesús es el mismo ayer, hoy y siempre. El poder de su Espíritu Santo no se ha agotado ni diluido.

"El Serio", como conocemos a Jaime Torres, nos muestra que Dios nos ama *"en serio"*, pero que también nuestro cambio de vida ha de ser *"en serio"*.

En estas páginas contemplarás el proceso de un pandillero y drogadicto que es liberado por el amor gratuito de Dios, y se convierte en un misionero de su misericordia.

Estarás de acuerdo con este itinerario o lo podrás rechazar, pero de una cosa estoy seguro; no quedarás indiferente después de conocer el desenlace de este drama que refleja el de tantas personas de nuestro mundo.

Yo, como redactor y editor de este testimonio, me he enfrentado a un reto que he superado: conservar el lenguaje y vocabulario propios de este ambiente de pandillas y adicciones. Por eso, te vas a encontrar con expresiones y términos de otra cultura, pero de ti depende que no se transformen en excusa para rechazar el amor misericordioso de Jesús, quien no vino a buscar a los justos sino a los pecadores. Al contrario, espero que este vocabulario "tan florido" se convierta en garantía de que se trata de una auténtica experiencia que confronta tu mundo con el maravilloso plan de Dios que supera con mucho lo que tú puedes pedir o pensar (Cf. Ef 3,20).

Dos partes tiene esta historia: la tenebrosa vida en las tinieblas del pecado y lo que acontece durante y después de un encuentro personal con Jesús resucitado.

Dios, en vez de cancelar nuestro pasado, lo recicla para que cumplamos la misión que Él nos confía: servir a los demás en la línea del abismo del cual hemos sido rescatados por pura gracia, mostrando que si lo hizo en nosotros, lo puede repetir en cualquiera.

Aquél que en otro tiempo fue drogadicto y jefe de pandilla, hoy se dedica a la prevención de adicciones y la recuperación de quienes han sucumbido en la esclavitud de las drogas, de donde es imposible salir sin la fuerza de Dios.

Además, trabaja *"en serio"* en la Escuela gelización San Andrés, formando nuevos dores para la Nueva Evangelización, por está convencido que sólo el poder del Evangelio libera de las sombras del pecado y sus consecuencias de muerte.

Espero que este testimonio sea un desafío pues lo que Dios hizo en *Serio*, lo quiere hacer también en ti y tú le respondas *"en serio"*. Ésta es la mayor felicidad que se puede encontrar en este mundo: experimentar tu 'pentecostés' propio, un encuentro personal con Jesús, quien te libera de tus cadenas.

Por mi parte, ha sido un privilegio colaborar en la edición de estas páginas de un amigo y colaborador en la misión del apóstol Andrés: *buscar 'Pedros' para llevárselos a Jesús*.

José H. Prado Flores
Director Internacional
de las Escuelas de Evangelización San Andrés
Guadalajara, México. 19 de marzo de 2018.

I

ANTES DE CRISTO

Mi nombre es Jaime Torres. ¿Qué onda? Soy mejor conocido como *"El Serio"*; tal vez porque me metí 'en serio' en el mundo del pecado, las drogas y el alcohol pero también, en una oscura noche, mi Señor Jesús me rescató 'en serio' para darme una nueva vida.

Quiero platicar mi historia. Quizás no podré expresar todo lo que he pasado pero voy a tratar de contar la experiencia de un pandillero vendedor de drogas que pasó por el valle de la muerte y ahora vive en el reino de la Luz.

Este libro lo titulé *"Antes de Cristo y después de Cristo"* porque narra el proceso desde que caí en la esclavitud de las drogas, el alcohol y el sexo, y termina cuando me he convertido en servidor de mi Señor y Salvador, que me ha sacado del fango cenagoso y asentó mis pies sobre la roca (Cf. Sal 40,3).

Voy a compartir la alegría de vivir de una forma que por mucho tiempo no conocí, pues sólo había experimentado la angustia y la soledad.

1. UNA FAMILIA DISFUNCIONAL

Nací en la ciudad de México el 24 de febrero de 1972. Provengo de una familia que no tuvo la dicha de disfrutar una vida normal. Mis padres son del estado de Michoacán pero abandonaron su pueblo, Ario de Rayón, porque el trabajo era muy mal pagado y apenas les alcanzaba para comer. Por eso, buscaron mejorar en la ciudad de México. Tengo tres hermanos, Arturo, que nació en Michoacán. Raúl, Miguel y yo, nacimos en la capital.

Siempre he admirado a mis *jefes*[1] porque han luchado para darnos lo mejor que se puede otorgar a los hijos, pero se les hacía difícil por la crisis que siempre ha afectado a México. Cuando era morrito[2] miraba cómo se la *rifaban*[3] para conseguir la comida y cómo se sacrificaban para comprar la ropa de los cuatro. Ellos no tuvieron estudio. Por esa misma razón, había que trabajar mucho para sobrevivir.

Mis hermanos y yo íbamos a la escuela porque nos mandaban a fuerza. Nunca valoramos lo que mis jefes hacían por nosotros. Soñaban que alguno de sus hijos fuera alguien importante o que al menos terminara sus estudios, pero los cuatro fallamos.

Yo, en lo personal, nunca quise estudiar. Sólo deseaba vivir bien y que no faltara la comida en mi casa.

---

1. Adjetivo familiar utilizado para designar tanto al padre como a la madre, que combina cariño y respeto.

2. Adjetivo coloquial para referirse a un niño.

3.. Verbo utilizado como *"jugarse la vida"*, *"esforzarse"*.

2. LA POBREZA, FUENTE DE FRUSTRACIÓN

Para vivir bien en México necesitábamos que mis jefes ganaran lo suficiente en la semana, pero su sueldo no alcanzaba para cubrir todas las necesidades de la familia.

Siempre estuvimos rentando cuartos pequeños y ni siquiera teníamos para comprar muebles. Yo escuchaba decir a muchas personas que *'mientras tengas frijoles en la mesa, todo está bien'*. Pero esa es una mentira. Si no posees los recursos para lograr una vida digna, no se vive, sólo sobrevives y caes en la mediocridad.

He tenido la oportunidad de conocer a gente que son pobres y si les ofreces esta 'aspirina' los estás ofendiendo. Se siente muy mal cuando a uno le falta el alimento, el vestido, el hogar y sobre todo los servicios de la casa. Es por eso que cuando mirábamos a personas que contaban con todo, nos causaba coraje y resentimiento.

Yo sentía mucha envidia cuando veía a otros niños jugando con sus bicicletas, videojuegos y juguetes caros. Muchos de ellos hasta se burlaban de nosotros 'los jodidos'.

Para no asumir nuestra responsabilidad pensamos que la solución la tiene el gobierno. Pero esta corrupta organización y su pandilla han sido los protagonistas de la autodestrucción que se vive en todo el país.

A lo mejor, la pobreza que experimentamos nosotros no era tanta como la de otras regiones del país, pero de igual forma nos afectaba el no tener ni siquiera para comprar los útiles de la escuela o los uniformes. Por eso, mi jefa siempre adquiría estambre para tejer los suéteres a mano.

Yo viví en una familia donde todo el día se escuchaban quejas. Mi jefe se lamentaba de que no le alcanzaba para pagar lo necesario de la casa: la comida, la ropa, la renta… ¡Ah!, pero sí tenía para emborracharse todos los fines de semana con sus amigos. Sí, mi jefe era un alcohólico de fin de semana. Mi jefa no contaba con dinero para darnos de comer pero sí para sus cigarros, porque era esclava del tabaco.

Comíamos carne una vez a la quincena y frijoles casi todos los días. Mis jefes intentaban que nos preparáramos y capacitáramos para luchar en la vida. Yo no quería estudiar, sino comer. Comencé a trabajar desde morro y cuando conseguía algo, por ser menor de edad, era explotado por gente abusiva. Me gradué en la 'universidad de la calle', que era el lugar donde me la pasaba todo el tiempo.

3. AMBIENTE CORROMPIDO Y CONTAMINADO

Vivía en una zona llena de vagos, que se conformaban con lo que tenían, acostumbrados a sus malos hábitos pues se les hace más fácil comprar una pistola y asaltar, que buscar una forma digna de trabajar.

Estando rodeado de rateros y de gente *transa*[4], me entristecía ser pobre económicamente, pero también en los ideales y oportunidades. La mente no me funcionaba bien. Me sentía decepcionado de mi país, había perdido la identidad personal y prácticamente no tenía familia.

Además, mis jefes nunca supieron cómo educarnos bien. No los estoy culpando de la dirección que tomó mi vida porque siempre nos mandaron a la escuela, pero ellos dedicaban más tiempo a conseguir dinero que a estar con nosotros en el estudio.

---

4. *Mentirosa, tramposa.*

Nunca se preocuparon por impulsarnos a aprovechar la escuela... Yo no contaba con alguien que me diera ánimo con palabras como: *"tú puedes ser alguien en la vida"*. Tampoco existía un modelo a quien imitar ni sueños por conquistar. No había motivación para nada. Jamás nos alentaron a vislumbrar nuevos horizontes. Nos estábamos quedando en una monotonía que nos sentenciaba a sufrir la vida entera.

Mi mayor defecto era ser muy tragón. Mi preocupación de todos los días no era estudiar, sino: *"Mamá, ¿ahora qué vamos a comer?"*. Mi carnal mayor nos llevaba a trabajar en las calles pero una de esas actividades era robar comida en los mercados.

A la edad de diez años, en el cuarto grado de primaria, conocí a un amigo que me platicaba de unas casas ricas con dinero. Mencionaba que él se iba a esa colonia a lavar carros y que siempre sacaba una buena 'feria' (dinero). Empecé a lavar carros con él. No era tanto lo que conseguíamos, pero siquiera teníamos para comer un bolillo con chiles jalapeños. También me iba a un mercado cerca de la colonia para ayudar a la gente a cargar sus compras y así ganarme unos pocos pesos.

Una insatisfacción iba creciendo dentro de mí: *"Ya no quiero vivir así. No me importa lo que tenga que hacer, pero buscaré una salida a esta maldita pobreza"*.

Sin embargo, no se visualizaban alternativas. Estábamos condenados a seguir la ruta de una catarata que cae al fondo, sin detenerse. Encendía la televisión para distraerme un poco y veía pura desgracia por doquier. Todos los canales proyectaban hambre, suicidio, robos, desastres naturales, violencia, aumento de precios, enfermedades, corrupción, desnutrición y calentamiento global. Parecía que no había salida del laberinto.

Por nuestro estilo de vida no disfrutábamos de alegría familiar. Nadie tenía ilusiones ni planes definidos para superar la lastimosa situación en la que estábamos estacionados. Nos dejábamos llevar por el desaliento y vivíamos en la mediocridad, sin luz ni esperanza. Nosotros seguíamos perdiendo el tiempo en la escuela. Nada más hacíamos como que estudiábamos, pero no teníamos buenas intenciones. Mi jefe seguía soñando que alguno se graduara con honores o al menos, que terminara la preparatoria. Nunca pensó que sólo estábamos esperando la menor oportunidad para abandonar la escuela.

La vida de mis carnales no la voy a relatar, ya que respeto sus decisiones y no deseo meterme en sus *broncas* (asuntos), sólo quiero mencionar que los cuatro *chafeamos*[5] en el estudio.

Un día escuché a mi jefe decirle a mi jefa que se quería ir para los Estados Unidos, pues en ese país 'se barren los billetes' y que allí es difícil que alguien sufra. Me quedé pensando: *"¿Será que existe un lugar así?"*. Mi jefe ahorró una feria y se aventuró en busca de aquel 'paraíso prometedor', buscando otra oportunidad para salir adelante. Nos dejó en México bajo la protección de mi mamá.

Con la ausencia de mi padre se acabaron los regaños. Mi jefa no era lo suficiente fuerte para alinearnos y además, no disponía del tiempo pues había que salir a buscar trabajo para darnos de comer. Cuando mi jefe emigró a los Estados Unidos, yo tenía casi doce años. Lo que ganaba en las calles no me dejaba suficiente feria y pensé como muchos jóvenes, en vender droga o robar para comprar un carro y una casa *chida*[6].

---

5. *Fracasamos.*

6. *Bonita, agradable, a mi gusto.*

Cuando inicié la secundaria, a la edad de trece años, mi vida gris se empezó a oscurecer con otros amigos de la calle y cambió por completo.

4. CORRIENDO POR EL CAMINO EQUIVOCADO

De morro hambriento y sufrido, pasé a ser un vago y ladrón. Esto era lo que más odiaba mi jefe: la gente que roba a los demás. Yo tenía varios pretextos para hacerlo y hasta llegué a pensar que 'tenía derecho' a quitarles a otros lo que habían ganado con su trabajo.

Tuve un amigo de nombre Santiago. Le apodábamos "El Chago". Le encantaba robar y agredir a otras personas. En el tiempo que me empecé a juntar con él, provocamos varios pleitos callejeros y siempre corrimos con la suerte de ganar. A él le gustaba golpear a la gente nada más para pasar el tiempo y a mí sólo me daba risa.

Un día, saliendo de la secundaria, entré a una tienda y me gasté el dinero que iba a ser usado para mi pasaje del camión. Se me hizo fácil pedirle que me 'hiciera el paro' para que él me lo pagara, pero me contestó:

- *¿Por qué no sacamos para tu pasaje y de una vez, para cenar?*
- *¡Órale! Esa voz me agrada* –le contesté.

Robamos a unas personas que venían de la tienda y como era de noche, no hicieron mucho escándalo. Nos fuimos a cenar y de ahí me trasladé a mi casa en el autobús. Robábamos a estudiantes y señoras, morros y tiendas para traer feria y así poder disfrutar de una comida bien servida y hasta 'dobletear' plato.

Jugar videojuegos se me hizo un vicio de todos los días y me gastaba la feria que traía. Pero por fortuna siempre había alguien a quien robar. Un día, saliendo de la escuela decidimos asaltar pero fue diferente.

El Chago sacó dos cuchillos de carnicero que tenía guardados en su casa. Me dio uno y se quedó con el otro. Nos dirigimos a una de las paradas de autobús "Ruta 100" y esperamos el instante en que descendiera la gente. Cuando el autobús se detuvo, bajó sólo un ruquito (anciano) como de ochenta años. Yo pensé: *"A éste no creo que valga la pena quitarle lo que trae".* Es más, hasta me dio lástima, pero El Chago caminó detrás de él y de volada lo orilló a la pared y le sacó el 'filero' (cuchillo). Ya no era momento de echarme para atrás, me acerqué al anciano y le exigí todo lo que traía.

Él se quedó callado y no se movía. Recuerdo esa mirada de miedo que puso el ruco (viejo) cuando miró los dos cuchillos. No podía ni siquiera hablar. Me saqué de onda porque me aseguró que no traía nada. En ese momento no sabía si amenazarlo o dejarlo ir.

Cuando uno tiene un arma en la mano las emociones lo traicionan, por eso hay muchos que cometen estupideces y después pagan caro las consecuencias.

¡La neta!... Yo no quería hacerle daño, pero necesitábamos el dinero. Le puse el cuchillo en su cara y le insistí que me diera cuanto tenía y que se fuera. Metió la mano en la bolsa de su pantalón, sacó un apretado pañuelo rojo y me confesó: *"Esto es todo lo que te puedo dar".* Lo tomé y le ordené que se largara, porque si no, iba a morir. La mirada de aquel anciano me quedó impresa para toda la vida. Recuerdo las lágrimas que se deslizaban por sus arrugas, la tristeza de sus ojos y su temblorosa voz suplicando: *"¡No me hagas daño, no me hagas daño!".*

El anciano se estremecía de miedo y ni siquiera podía dar un paso porque pensaba que lo íbamos a picar por la espalda.

Caminamos hacia la otra banqueta. El Chago se burlaba de la forma que espantamos al ruquito. Yo no le encontré ninguna gracia como para reírme de lo que acababa de hacer. Eso no era un chiste.

Cuando desenvolví el pañuelo, pensé que quizás había obtenido una buena feria pero mi sorpresa fue otra. Sólo portaba unas cuantas monedas que no me alcanzaban ni para tragarme un taco, mucho menos para el pasaje del camión. Le sugerí a El Chago que volviéramos a darle la feria al ruquito y respondió: "No. ¿Cuándo has visto a un ratero que devuelva lo que ha robado?" Entonces le enfrenté: "Pues voy a ser el primero y me vale lo que pienses".

Regresé a buscar al ruco y por suerte lo encontré. Ni siquiera pudo correr. El anciano caminaba muy lento por la banqueta. Le grité que se detuviera, volteó y se puso muy nervioso. Comenzó a llorar y me suplicó: "Perdóneme, pero eso era todo lo que traía. Te juro que ya no tengo más".

Le mencioné que no le haría daño, que sólo quería regresarle su dinero. Él con temor me dijo: "Lléveselo, ya no lo necesito". Levanté la voz, ordenándole: "Agarre su dinero". No quiso. Tuve que sacarle otra vez el cuchillo para que aceptara. Con miedo lo tomó, me dio las gracias y se fue.

Me quedé sin palabras cuando me agradeció por no haberle hecho daño. Me di cuenta de que mi amigo el ratero no pensaba en el mal que podíamos hacer a aquel hombre inocente e indefenso y a su familia. Lo bueno fue que no me animé a tocarlo. Quizás el dinero que este hombre traía era lo único con que contaba para la semana o a lo mejor no trabajaba y era lo que disponía para gastar. Yo no sé cuál era la realidad.

Ahora reconozco la presencia de Dios que me dio la sensibilidad necesaria para no hacerle daño al viejecito. Sin embargo, no entendí que era una invitación a dejar el mal camino que me llevaba a la perdición.

Unos meses más tarde sucedió lo contrario en la calle donde vivía. Un drogadicto robaba gente para mantener su vicio. Lo apodaban "El Pollo". Yo llevaba años de conocerlo y era famoso en la colonia. No le gustaba hacer nada en la vida, mucho menos ser alguien digno de respeto; si no lo tenía por él mismo, mucho menos hacia a los demás. Todo el día se drogaba y luego buscaba gente para robar y así seguir comprando "chemo" (Resistol 5000).

Esa noche, mis hermanos y yo estábamos en casa cuando llegó mi jefa. Su aspecto reflejaba miedo. Le preguntamos qué había pasado y nos contó:

- *Un méndigo ratero me quería quitar mi dinero y no se lo quise dar.*
- *Pero, ¿no te hizo nada?* -le preguntamos-.
- *No, porque le agarré la pistola y le dije que se pusiera a trabajar el pinche[7] huevón[8].*

Nos dio mucha risa, pero a la vez mucho coraje y más cuando nos comentó que el cobarde Pollo le había apuntado la pistola en el estómago. "*¿Qué tal si este rata hubiera matado a mi jefa?*".

De esta forma yo mismo experimenté lo gacho que se siente cuando alguien roba y amenaza a los tuyos. Era un espejo de lo que hacía sufrir a las familias de mis victimas, pero cerraba los ojos. Siempre me justificaba argumentando que nosotros robábamos usando cuchillo, nunca pistolas.

---

7. Adjetivo considerado altisonante pero muy utilizado en el lenguaje coloquial de los barrios.

8. *Flojo, vago.*

Cuando alguien se mete con la familia no se puede quedar uno de brazos cruzados. Salimos a buscar al Pollo en todo 'el gallinero'. Al día siguiente, lo encontramos en la calle donde se juntaba con otros. De inmediato, mi hermano mayor se le fue encima y comenzó a golpearlo hasta bañarlo en sangre. Nadie intervino para hacerle el paro porque con mi carnal venía otro que sacó una pistola y amenazó a todos con balacearlos si hacían algo.

¿Creen que esto haya solucionado el problema de El Pollo? La neta; no, porque cuando eres drogadicto se te embota la mente, tu cerebro no funciona bien. Por eso llega el tiempo en que ya no te importa lo que te suceda, ni la vida ni la muerte. Te da igual. Es más, de manera inconsciente se busca morir para terminar con todo el sufrimiento.

La raíz de esto no es la droga o la delincuencia sino que se han perdido los valores más fundamentales. La ausencia de los padres en el hogar. Ya no hay respeto, honradez ni verdad. Es 'legítimo' robar y hasta matar.

Sabemos que a veces es necesario dejar a la familia para que no falte el alimento, pero existen muchos padres descuidados que abandonan irresponsablemente a sus hijos, aun viviendo con ellos. Prefieren estar perdiendo el tiempo con sus amistades en la borrachera o en la parranda, mientras sus hijos van heredando las mismas actitudes.

Cuando mi jefe salió para Estados Unidos no sabíamos si le iba a ir bien o mal, pero lo que ganó es que dejó el vicio del alcohol. Una vez lo asaltaron unos rateros que lo golpearon dejándolo en una camilla de hospital. Gracias a Dios que no lo mataron. Le tuvo que pasar algo para que abriera los ojos y se diera cuenta de que la familia vale más que unas cervezas.

Hasta que fue víctima de la delincuencia comenzó a valorar que tenía hijos y que lo necesitaban en esos momentos que él pasaba con sus amigos.

Faltaban sólo unos meses para terminar mi primer grado de secundaria, pero ya no soportaba estar perdiendo mi tiempo, pues no aprendía nada porque ninguna materia me atraía ni ponía atención.

No sé por qué nunca me interesó la escuela. Yo creo que porque mis jefes no estudiaron y yo no tenía un modelo a quién seguir. En mi casa, el ejemplo a imitar era mi hermano mayor, que nos había enseñado a faltar a la escuela. Me acuerdo que había días en los que decía: *"Hoy no tengo ganas de ir a clases, ¿qué hacemos?"*.

Como estábamos morros, pues nos daba lo mismo entrar o no entrar. Nos convenía ponernos de acuerdo: *"¿Qué le decimos a mi jefa si nos pregunta algo?"*. Él contestaba: *"Pues nada, porque tampoco nos va a decir nada y en caso de que nos pregunte por la tarea, sólo digan que les dejaron hacer una página con su nombre"*.

Pienso que si mis jefes nos hubieran apoyado en el estudio, la historia sería otra. Pero tampoco puedo echarles la culpa, porque ellos sufrieron lo mismo y así se extiende la cadena de generación en generación.

Lo malo es que si nosotros seguimos la misma ruta estaremos agrandando la bola de nieve y es lo que vamos a heredar a la siguiente generación.

Yo fui a la secundaria "Amado Nervo No. 174", que tenía de todo, rateros, vagos y hasta pandilleros. Allí aprendí muchas cosas, menos a estudiar. Mis calificaciones eran las más bajas y mi comportamiento siempre era cuestionado por los profesores. *"¿Por qué actúas así, muchacho?"*-me preguntaban.

Un día que estábamos en hora de clases, el director visitaba los salones para saludar a los estudiantes. El Chago y yo jugábamos en el pasillo pateando un "Frutsi" (recipiente de jugo congelado). De repente, tiré una patada con todas mis fuerzas para anotar un gol al Chago y el "Frutsi" fue a dar en el pecho del director que pasaba. Salí corriendo para la calle, pero tenía que regresar al otro día a clases.

El director me llamó a su oficina y me dijo que no podía estar en la escuela por una semana. Me expulsó. Pero eso no fue para mí un castigo, sino un premio. Toda ese tiempo me la pasé con el Chago haciendo maldades en la calle.

En realidad, el mal se lo hizo a la colonia porque aprovechamos para robar en las tiendas, peleando en el parque con otros vagos, quebrando ventanas en las casas, rompiendo vidrios a los carros, ponchando llantas e incluso hicimos otras cosas de las que no me quisiera acordar. Cuando expiró mi tiempo de expulsión tenía que regresar a la escuela con mi jefa. Si no iba con ella no podía ser admitido.

Llegamos a la escuela y el director nos llevó a su oficina. Entrando, le explicó por qué me expulsó y le mostró mis calificaciones. De doce materias, tenía nueve reprobadas y tres en la cuerda floja. Mi jefa me miró y me amenazó: *"Llegando vamos a hablar con tu papá"*. Yo pensé: *"Si mi jefe anda en Estados Unidos"*. Terminó la junta y el director le aconsejó a mi jefa que tratara de llevarme por un camino recto porque aparte de que no iba a pasar de grado, podían expulsarme de todas las escuelas del estado. Mi jefa contestó: *"No se preocupe, mi esposo se va a encargar de darle la reprensión y castigo que se merece"*.

Me quedé en clase y no quería que llegara la noche porque ya sabía cómo me iba a ir con mi jefa. Cuando ya estaba en la esquina de mi casa, vi que ella se encontraba afuera. Aunque estaba oscuro, alcancé a notar que traía algo en la mano. Ni modo, tenía que ir a dormir, no había otra opción. Entrando, mi mamá me golpeó hasta que se cansó y esa noche no podía dormir del dolor de las heridas que me hizo con el cinto. Lloré y le agarré más odio a la escuela. Le llamé al Chago, le platiqué lo que pasó y me respondió: *"No manches, a mí me fue peor"*. Entonces le propuse: *"¿Qué tal si matamos al director?"*. Sin pensarlo, respondió: *"Como quieras, ya sabes que cuentas conmigo"*.

No lo hicimos. Sólo estábamos muy enojados. No sé por qué pero llegué a odiar tanto el estudio como a muchos estudiantes que eran mejores que yo. Estaba incursionando por un camino sin retorno.

Yo quería ser libre y hacer todo lo que se me pegaba la gana. Siempre que preparaba un examen me daba hueva (flojera) y no estudiaba nada. Cuando estaba en la clase, rompía las pruebas enfrente de los maestros y me sacaban del aula. Mis hermanos me echaban *carrilla*[9] diciendo que era el más inútil de la familia y que ellos eran más listos y aplicados, pero *'puro verbo'*[10]; eran igualitos, sólo que más grandes. Terminé frustrado. Me di cuenta de que el estudio era demasiado para mí y lo abandoné.

En realidad, yo nunca fui un inútil, burro o tarado para el estudio. Simplemente no sabía cómo hacerlo. Sólo me faltó una motivación y alguien que me apoyara para seguir adelante, pero mi jefes nunca supieron cómo hacerlo. Para ellos, lo único que funcionaba eran los golpes. Así fuimos educados.

---

9. *Burlaban.*

10. *Sólo palabras.*

Hoy sé que Dios nos capacitó para ser felices y que podemos alcanzar las metas que nos propongamos, pero para eso es necesario el estudio, la disciplina y la perseverancia. Hasta ahora lo reconozco pero tuve que aprenderlo por el camino más difícil, con dolor y sufrimiento.

5. ESPEJISMO DE CALIFORNIA

Un día mi jefa recibió una carta que cambió la historia de todos nosotros. Mi jefe había juntado dinero para llevarnos con él a Estados Unidos. Fue la noticia más chida que jamás escuché. Al salir de México, ya no íbamos a sufrir. Mi jefa nos prometió que nos iban a sacar de la pobreza. Imagínate, ahora no tendríamos que batallar para comer. ¡Qué maravilla!

Mi jefe llamó a mi jefa y le dijo que nos diera de baja de la escuela. Otra gran victoria para mí. Me alegré mucho al saber que nos mudaríamos para California, porque ya había escuchado que en Estados Unidos no se sufre pobreza y se gana mucho dinero. Con este señuelo nos fuimos, pero sin una plataforma de valores ni principios. Llegando, lo primero que mi jefe nos indicó fue que había que asistir a clases para no perder el estudio que ya teníamos. Otra vez a la mugrosa escuela, ni modo.

En Arleta, California, entré a la *Jr. High,* que venía siendo la secundaria, pero en inglés. El estudio era muy diferente al de México, porque con el idioma se me puso más difícil. La mayoría de los estudiantes eran mexicanos, pero ninguno quería hablar español. Tuve una maestra mexicana que impartía una clase, pero toda en inglés. Yo le aclaré que no hablaba el idioma y me respondió: *"Pues aquí no es México, así que no sé cómo le vas hacer".*

Un día me pasó al frente de la clase a leer un párrafo de un libro de historia y sentí bien gacho. Estaba demasiado nervioso y le comenté que no sabía leer, pero me lo exigió en inglés. Luego me gritó en español para que pasara rápido y lo hice porque pensé que también me golpearía, como llega a suceder en México.

Comencé a leer el texto literalmente (como si estuviera en español) y todos los estudiantes se empezaron a reír de mí. La maestra no les dijo nada y continué leyendo. Cuando terminé, me fui a sentar y la maestra me gritó delante de todos: *"No sé a qué vienen a este país. Gente como ustedes nunca logran nada y aparte de eso, dan vergüenza"*. Yo era el único que no hablaba inglés en esa clase y la maestra empezó a cargarme la mano. Hablé con el director de la escuela y le mencioné la actitud tan agresiva de la profesora. Él me aclaró que tuviera cuidado de hablar mal de su hija. ¡Resultó ser el papá de la mugrosa maestra!

Unos días después me metieron en otra clase donde nadie hablaba inglés. Había chinos, coreanos, mexicanos, salvadoreños, etc. Ahí sí me sentía chido. Un morro llamado Óscar me contó cuando la maestra lo hizo pasar una vergüenza igual que a mí y le pregunté:

- *Entonces, ¿no sólo conmigo es gacha la vieja esa?*
- *¿Eres de la ciudad de México?*
- *Sí, ¿por qué?*
- *Porque la pinche vieja odia a los capitalinos.*
- *Y eso, ¿por qué?*
- *Ha contado que ellos vivieron en la ciudad de México por muchos años y los trataban bien mal a ella y a su familia. Por eso, hasta su papá no quiere a nadie.*

Me cayó tan gorda la vieja esa, y le comenté a Óscar: *"¿Y qué culpa tenemos nosotros de que la méndiga vieja odiosa haya sido maltratada?"*.

Un día en la clase de educación física estábamos jugando futbol y yo era portero. Uno del equipo contrario trató de meter un gol y le desvié el balón, pero la patada me la dio a mí y me fregó el brazo.

Me llevaron a la enfermería de la escuela y me pusieron unas tablas con hielo y llegué al salón de clase. La bruja malvada me miró y me preguntó: *"Y ahora a ti ¿qué te paso?"*.

Le narré lo sucedido y riéndose, me respondió: *"Lo que pasa es que eres un pendejo*[11] *que no sabe jugar futbol"*. Todos empezaron a reír. Me enojé bien gacho y me fui a sentar, planeando cómo vengarme de la vieja insoportable. No me costó mucho.

Dos semanas después su hija llegó a visitarla a la clase y llevaba muletas y un pie enyesado. *"Ésta es mi oportunidad"*-pensé-. Le grité desde mi lugar: *"Maestra, ¿qué le pasó a su hija?"*. Me contestó: *"¿Qué te importa?"*. Pero la hija, que no era *hocicona* y *ojete*[12] como su mamá, contó: *"Me caí de mi bicicleta y me quebré la pierna"*.

Entonces aproveché para decir bien fuerte: *"No, eso no fue. Lo que pasa es que eres una pendeja que no sabe usar la bicicleta y por eso te quebraste la pata"*. Ella empezó a llorar. La maestra vino hacia mí bien violenta, me llevó a puro aventón hasta la dirección con su papá, pero yo no podía dejar de reír. Le chismeó al director lo que pasó y el *ojete* me suspendió tres días.

Yo pensé: *"¿Otra vez las expulsiones?"*. Pero esta vez sí valió la pena porque logré mi venganza.

---

11. *Tonto, incompetente* (Adjetivo popular considerado altisonante).

12. *Habladora, chismosa, delatora* y *malintencionada* (Adjetivos populares considerados altisonantes)

6. IMITAR A OTRO PARA SER ALGUIEN

Cuando empecé a tratar más a Óscar me decía que él y su familia se vinieron a California por las mismas razones que nosotros, que se la rifaban bien gacho, pero que ya se habían alivianado.

Compartimos la clase de ESL (Inglés como segundo idioma). Era bien buena onda el morro. Estaba bien chaparro y lo apodé "El Pulga". Era muy parecido al Chago (en lo 'rata') y un día después de la clase de educación física me pidió que si le hacía el paro a robarse unos balones de basquetbol. Se robó los veinte que tenían en la clase de educación física. Le comenté: "*No manches… ya los dejaste sin balones*". Él respondió: "*Ellos tienen feria*". Yo concluí: "*Entonces vamos por los de voleibol*". Y también nos los llevamos. Después los vendimos en la calle y sacamos una feria para gastar.

En ese tiempo ya no era necesario robar para comer, ahora era sólo por maldad o quizás, una costumbre que se nos quedó. En un mes nos robamos todas las bicicletas de los estudiantes. El director no sabía lo que pasaba. Culpaban a los drogadictos o indigentes de la calle. Era divertido robar bicicletas y mirar cómo se iban caminando los jóvenes a sus casas.

Empezamos a meternos a los salones para agarrar las mochilas de los demás estudiantes y se las tirábamos a la basura. Escribíamos en los pizarrones puras mentadas de madre a los maestros con letras mayúsculas y quebramos varias ventanas de las aulas para que cancelaran las clases y nos enviaran a otros salones o a nuestra casa.

Un día el director anunció por los altavoces: "*Les comunico a todos los estudiantes y maestros que estamos siendo atacados por unos delincuentes. Voy a hacer todo lo*

posible para que pare ese vandalismo y los que están hacien-
do todo esto van a pagar muy caro". Se creía detective.

Estábamos destruyendo la escuela y todo lo que se
nos atravesara, incluso a varios estudiantes les poníamos sus 'cocos' en la cabeza por tarados. Practicábamos *bullying* con ellos. En ese tiempo me estaba desquitando de todo lo que me hicieron los más grandes
en las calles de México, así como de la maestra. Otros
tenían que pagar las consecuencias de mis agresiones.

Existe un grave problema de cultura, pues hasta
entre los inmigrantes 'nos damos en la torre' a nosotros mismos. Muchos jefes mexicanos son peores que
los americanos. Es que la gente que ha sido despreciada o relegada se tiene que desquitar con otros.

Un día estábamos comiendo en el recreo, pasó un
joven de Guadalajara y le dio un *fregadazo*[13] al Pulga
en la cabeza mientras le insultaba: *"¿Qué onda, pinche
ratero; qué tragas?"*. El Pulga no hizo nada, sólo se agachó. Le pregunté por qué le había pegado el aprovechado ése y me contó que desde que supieron que era
de México, varios le empezaron a decir ratero y que no
reaccionaba porque eran muchos los que lo atacaban.
"¡Qué ojetes!" -le respondí.

Lo que no me pareció es que estos tarados generalizaran, porque rateros hay en todo el mundo. Hay gente
de cuello blanco y corbata que roba más que nosotros.

Le aclaré al Pulguita: *"Ahorita vamos a ir donde está
comiendo el honrado aquél y le vas a soltar un fregadazo en
la jeta. Si se te pone al brinco tú no te espantes, yo voy a estar a un lado de ti. Pero si no le haces nada yo te voy a fregar
a ti. ¿Cómo ves?"*. Yo sabía que sí lo haría.

---

13. *Golpe fuerte.*

Este pequeño pedazo de hombre se levantó cual gigante herido. Sacó una cadena de bicicleta del bolsillo de su pantalón, se lanzó sobre el joven honrado y lo agarró a cadenazos hasta que lo bañó en sangre. Yo creo que hasta la fecha no se le han borrado las cicatrices de su rostro, espalda y brazos. Ese pobre recibió unos veinte golpes en todo su cuerpo y fue a dar al hospital. Casi se muere por una tontería.

El Pulga, que aparte de chaparro parecía ratón, salió corriendo en friega y no paró hasta su casa. Yo me asusté cuando llegó la ambulancia y se lo llevaron medio muerto. Lo bueno fue que nadie comentó nada, no sé si por miedo. El director me llamó a la oficina para hacerme preguntas y le aclaré con mucha seguridad que yo no sabía nada. Después, me amenazó diciendo que cuando saliera el muchacho del hospital iba a señalar a los que lo golpearon y todos terminarían en la cárcel.

Al otro día llegó El Pulga como si nada y me cuestionó: *"Si viene aquél a pegarme ¿me vas hacer el paro?"*. Le aclaré que el cuate aquel estaba en el hospital y se espantó bien gacho. Comentó que no le quería pegar mucho, pero que perdió el control y no supo detenerse, porque cuando estás cegado por la violencia, se traspasan todos los límites. Le dije: *"No te agüites*[14]*, de algo tiene que morir"*, y nos empezamos a reír.

Cuando regresó el golpeado del hospital lo primero que hicimos fue amenazarlo: *"Si cuentas algo te va ir peor"*. Respondió: *"No voy a decir nada"*. Y yo completé: *"Si podemos llevarnos chido, ¿para qué eres abusivo con los más chiquitos?"*. El Pulga le preguntó: *"¿Entonces qué?, ¿quieres ser mi amigo?"*. Él contestó que sí y nos

---

14. *Deprimas.*

hicimos muy buenos camaradas; lo apodamos "León" porque se creía bien fiera, pero sin olvidar que 'una Pulga' lo mandó al hospital. De rateros, nos estábamos transformando en pandilleros violentos.

Un año después, en 1987, nos mudamos a otra ciudad de California. Mis jefes habían conseguido un apartamento de renta más barata. Ya no estaban conmigo El Chago, El León ni El Pulga. Otra vez, a empezar desde cero, que en mi caso era bajo cero. En este lugar vivían mexicanos y salvadoreños. Yo nunca había conocido salvadoreños hasta que llegué a vivir allí. Dos de ellos me empezaron a buscar bronca. Uno entrenaba karate y quería practicar conmigo sus 'artes marcianas'.

Yo, la verdad, no me considero una persona conflictiva, pero ellos siempre querían provocarme. Les advertí: "*¿Saben qué onda?, tengo un carnal que ahorita lo traigo por si los dos me quieren fregar. Cuando regrese nos aventamos un tiro y pues si tú me friegas ni modo, pero si yo te la parto, te aguantas. ¿Cómo ven?*". A la mera hora, se echaron para atrás.

Después comencé a juntarme con los muchachos de esos apartamentos. Como a ninguno le gustaba estudiar, me identifiqué de volada. ¡Hasta que encontré gente como yo! Uno de ellos siempre andaba cargando una grabadora en el hombro o en la mano. Escuchaba música de rap chida. Nos grababa casetes y todos escuchábamos lo mismo. Él trabajaba en una tienda vendiendo donas, tenía feria y siempre compraba ropa de la más cara. Este vato bailaba *"break dance"*, un baile de morenos y lo hacía bien chido. Todos queríamos bailar como él. Uno que otro lo imitaba, pero nadie lo igualaba. Fue la persona que nos introdujo a la música rap que yo no conocía.

Un día estaba mirando la televisión en un canal de cantantes de Rap (Music Television -MTV-) y la neta, me llamó la atención su forma de vestir y comencé a imitar ese estilo. Creo que eso le sucede a la mayoría de jóvenes cuando ven a alguien que te gusta lo que hace. Empecé a vestir, caminar y actuar igual que ellos. Mientras no se tiene identidad, se imita a otros.

Mi *homeboy*, Omar, el bailador de *break dance*, era un perro para dibujar *graffitti*[15]. Todos lo admirábamos en lo que hacía. Él nunca se reconocía como pandillero aunque sí parecía uno. Afirmaba que no le gustaban las broncas pero siempre se metía en ellas. Para muchos jóvenes era un modelo a seguir.

Queríamos ser reconocidos y para ello formamos una pandilla y le pusimos el nombre de la calle. La verdad es que sólo jugábamos a ser pandilleros. Cada noche que nos juntábamos enfrente de los apartamentos para hacer alguna maldad. En realidad no podíamos ser una pandilla real porque ninguno se arriesgaba a perder la vida, pero nos dejábamos arrastrar por la moda y los artistas de la televisión.

En los videos musicales conocí a un grupo de Rap llamado *Run DMC* que vestían con su ropa bien floja y sus tenis *"Adidas"* que me gustaron. Me di cuenta de que la mayoría de cantantes de Rap lucen un vestuario chido. Yo comencé a querer ser como ellos, sin pensar que eso me traería muchas broncas con las pandillas.

Recuerdo que en la *Jr. High,* casi terminando el noveno grado, estaban unos cholos (pandilleros) que por mi forma de vestir, me preguntaron de qué barrio era y a qué pandilla representaba. Les contesté que de

---

15. Vandalismo con pintura en aerosol.

ninguna y me pusieron un picahielo en el cuello pues querían a fuerzas que mencionara de qué pandilla era, cuando yo ni siquiera sabía de pandillas.

En ese momento pensé: *"Si este cholo no me pica, que se cuide, porque yo sí le voy a cortar la cabeza al ojete"*. Llegué a los apartamentos y les conté a mis amigos lo que pasó, pero ellos le sacaban a meterse en broncas. Entonces supe de una pandilla cerca de mi barrio y pregunté las condiciones para pertenecer a ella. Me tenían que brincar (golpear) entre 50 cholos. La neta, esa idea no me gustó, porque yo en ese tiempo estaba para golpear y no para ser golpeado. Deseaba representar a alguien que no era. Buscaba ser respetado por los demás a cualquier precio. Los vatos donde vivía también anhelaban serlo, pero con una apariencia falsa porque a todo le tenían miedo.

Un día conocí a unos *Taggers* (*grafiteros*) que andaban en la calle rayando paredes. Ellos eran parte de una pandilla y se vestían con sus propios colores. Hasta los tenis que usaban los pintaron del mismo color.

Comencé a rayar paredes y a formar grupos con ellos que ya tenían la experiencia de pandilleros y conocían más gente que yo. Entonces reclutamos más jóvenes para nuestra pandilla, con los cuales salíamos de noche a seguir manchando paredes y a crear problemas con otros.

Otro día en la mañana a la hora de entrar a la escuela nos reunimos para buscar pleito con otros cholos. Pasamos por una escuela conocida del barrio y de lejos pude ver a dos que caminaban por la banqueta muy contentos. Uno de ellos era el que me amenazó con el picahielo. Detuvimos el carro y nos escondimos en una esquina. Mis amigos salieron a perseguirlos corriendo.

Uno pudo escapar y se metió en la escuela, pero abandonando a su otro amigo que fue alcanzado por uno de mis *homies*. Pobre pandillero, aún puedo ver su cara llena de sangre y su cuerpo sacudiéndose en el suelo por la desesperación de no poder defenderse. Esa fue la primera víctima fatal. Por no correr rápido, la muerte lo alcanzó. Ni modo, esa es la vida del barrio. Hay una frase que dice: *"De que lloren en mi casa, a que lloren en la de él, mejor en la de él"*.

Un día después leí el periódico en mi *cantón* (casa) y miré la noticia del muchacho muerto por otros pandilleros. Yo me puse bien contento, presumiendo que ahora sí seríamos respetados por todos.

La forma de ingresar a nuestra pandilla era similar a la de las demás pandillas, con la diferencia de que sólo poníamos a tres para la brincada. El golpear a alguien era algo fascinante, nos gustaba. Una emoción nueva que estaba viviendo en esa pandilla y otra pesadilla para mis jefes que ya tenían un hijo 'cholo'.

Una característica de los pandilleros es escribir en las paredes un '*placazo*'[16] con pintura de spray para señalar derecho de propiedad y demostrar que teníamos más talento para escribir las letras en diferentes estilos.

Queríamos fama, ser conocidos por todos, destruyendo la ciudad, manchando paredes y cuanto se nos atravesara. Mis padres se iban dando cuenta poco a poco de lo que yo era y lo que hacía en las calles. Ellos sólo me regañaban por mi forma de vestir, porque decían que algún día me iban a confundir con un cholo y eso me traería problemas.

---

16. *El nombre de la pandilla.*

Entre más consejos me daban, más gacho me portaba con ellos. Sentía que se estaban metiendo en mi vida privada, pensando que yo era todavía un morrito que debería obedecerles, pero, ¡chales!... Yo ya me sentía lo suficientemente grande para hacer lo que quería y además, tenía mi pandilla, mi otra familia, que no me dejaba nunca.

La vida en las calles me llevó con facilidad a la venta de drogas, porque quería vestir bien y la ropa de cholo era muy cara. Así, yo y uno de mis *homeboys* decidimos entrar al negocio de la venta de coca y *mota* (marihuana). Mi *homeboy* tenía 'la conecta' (el contacto) donde podíamos agarrar el polvo barato. Iniciamos comprando un poco de cocaína y lo dividimos en sobrecitos de veinte dólares. Aparte de eso, vendíamos mota y también nos dejaba feria. El negocio era bueno. El producto se vendía como pan caliente.

El problema era que teníamos la droga guardada en la casa de él hasta que la encontró su jefa. Fue una *bronca*[17] grande pues lo quería correr de la casa. Entonces él me comentó que ya no la podía conservar y le sugerí que yo la guardaría. Mi closet parecía una bodega con ropa, botes de pintura, plumas para escribir en metal, marcadores para vidrios, pinzas para cortar cadenas, mota y cocaína.

Suponía que estaba seguro porque lo guardaba con candado. Pero, en esta vida nada es seguro y entre más te metes en ese mundo tenebroso corres más riesgos. La venta iba creciendo y mi cuenta bancaria también. Mi jefa empezó a sospechar porque yo tenía feria en el banco. Le mencioné que era lo que estaba ahorrando de mi trabajo, pero no me creyó.

---

17. *Problema, dificultad.*

Ella sabía que en ese entonces yo sólo ganaba alrededor de ciento veinte dólares a la semana y en el banco acumulé más de cinco mil dólares en menos de un mes. No me daba cuenta de que tanto mi vestimenta como un *beeper*[18] que sonaba hasta en la madrugada, me estaban delatando.

7. DESCUBIERTO POR MI MADRE

Tanta era la preocupación que un día mi jefa abrió el candado de mi closet y *me torció* (me descubrió). Yo tenía la mota guardada ahí. Eran como treinta sobrecitos de a veinticinco dólares envueltos en una camisa. Por la tarde, llegué a mi casa y noté que alguien había abierto el closet. En un momento me enojé, porque sentí que ellos tenían que respetar mis cosas, a pesar de que yo no estaba respetando su casa. Me di cuenta de que mi jefa había planchado todas mis camisas, incluyendo la que escondía la mota y que ella colocó detrás de una bocina. Por desconfianza todavía la conté, para asegurarme de que no faltaba nada.

Esa misma tarde, mi jefa me dijo que necesitaba hablar conmigo muy seriamente. Comenzó por indicarme que si algún día yo caía al bote (la cárcel), me olvidara de ellos; que les llamara a mis amigos, para ver si ellos me iban a liberar, pero que con la familia no contara. Aunque varias veces mi madre me sacaba de onda por sus preocupaciones, también me libró de mis broncas y por ese lado le agradezco nunca contarle toda la verdad a mi jefe.

Un día después, pedí a un amigo que si me hacía el paro de esconder la droga, y él aceptó. Lo hizo porque era un adicto a la cocaína y sabía que yo le iba a pagar para mantener su adicción.

18. Pequeño aparato de localización personal que emitía una señal audible (*beep*) al registrar una llamada.

En ese tiempo no me daba cuenta del problema que estaba generando a toda la gente que arrastraba con el vicio, pues hasta los jóvenes se drogaban con la marihuana que yo vendía.

Yo nunca pensaba en los demás, sólo en mí mismo, ya que lo único que tenía en mente era el dinero. Si las demás personas se dañaban con el vicio, ese ya era asunto de ellos, 'yo me lavaba las manos'. Entre más te metes en la droga, se amplían tus límites de tolerancia y vas cayendo más y más sin darte cuenta. En los apartamentos donde vivía, empecé a buscar broncas y animé a mis otros amigos a ser lo que yo era: un auténtico cholo. La pandilla que formamos estaba regada por todo el valle. Así era más difícil que nos agarrara la policía en las cosas que hacíamos.

Empezando por el alcohol, seguíamos con diferentes drogas que conseguíamos para 'tirar party' (hacer fiesta): mariguana, cocaína, speed, crack, spray paint, PCP[19], air duster, ácidos y otros más cuyos nombres he olvidado.

Me acuerdo de varias experiencias que tuvimos con la droga. Una vez recibí una llamada como a las dos de la mañana de un homeboy diciendo que uno de ellos sobrepasó la dosis de droga y que murió. Pregunté: "¿Qué hicieron con el cuerpo?". Me respondió que lo arrojaron en un basurero para no tener dificultades con la policía o los familiares del muerto. Ninguno de sus 'amigos' quiso meterse en problemas y se fueron a dormir. Yo era malo pero no dejaba de pensar en las consecuencias. Entonces les llamé y les sugerí que era mejor abandonarlo en la calle para que lo levantara una ambulancia.

---

19. La fenciclidina (conocida por su abreviatura del inglés, PCP o 'Polvo de ángel') es una droga usada como agente anestésico que posee efectos alucinógenos.

Les propuse que fuéramos a recoger al difunto para dejarlo en alguna avenida. Cuando llegamos al basurero que era como una barranca, bajamos a buscarlo.

Lo encontramos recargado en un árbol y agarrándose la cara. ¡Estaba vivo! Al momento que nos escuchó, se nos quedó viendo. Su rostro estaba lleno de sangre con tierra. En la nariz tenía un tipo de espuma amarillenta, también con sangre. Nos miró y volteó a ver a su compañero y le dijo: *"Ya sabía que no me dejarías solo"*. El supuesto amigo le contestó: *"¿Cuándo te he dejado solo?"*. Me quedé pensando en qué clase de amigos éramos. Esa noche vi lo gacho que puede ser uno con los demás.

8. BARRIO, MUJERES Y PANDILLA

En la pandilla mi vida era otra. Tenía un título, un puesto en el barrio y según yo, otra familia. Una de las cosas que me hacían sentir bien era que hay alguien que te protege, pero para recibir protección también tienes que arriesgarte a apoyar a los otros, sabiendo que en cualquier instante te puede sorprender la muerte.

Los jóvenes que entran a un barrio son utilizados y casi siempre traicionados porque no importan ni valen nada. Por eso, cuando los matan no es tan grande la pérdida. Es más, nadie va a su velorio.

Por mi parte, yo siempre fui respetado aunque también me debía cuidar las espaldas, porque al ser jefe de pandilla, tienes tanto amigos como enemigos.

La supervivencia en el barrio se hacía cada día más difícil ya que empezamos a tener un resto de competidores. No salía a la calle si no andaba con alguien. También en la pandilla empezamos a meter mujeres, que eran sólo para abusar de ellas sexualmente.

Una vez que entran en la corriente del mal, se transforman en un desfiladero sin fondo. Las mujeres en las pandillas creen obtener la confianza que merecen, pero no es cierto. Cada mujer en la pandilla también trae una triste historia de por qué quiere pertenecer a ella. Han perdido su dignidad y sólo buscan protección para llenar un vacío de soledad e incomprensión. Pero confunden el amor con el sexo. Ellas obedecen las órdenes que se les dan y son capaces de cualquier cosa cuando están drogadas, desde robar hasta degradarse y matar.

En el barrio, varias tuvieron relaciones sexuales con los *homeboys* sin pensar que podían quedar embarazadas o que se exponían a contagiarse de alguna enfermedad. El alcohol las dejaba vulnerables a cualquier estupidez. Algunas ya habían cometido varios abortos. En ese tiempo no sabíamos qué tan grave era el asesinato de un bebé. Buscan la felicidad por la puerta falsa: compensar una carencia vendiendo muy barata su dignidad. A algunas se les tenía respeto porque con ellas compartíamos nuestros sufrimientos comunes, pero en realidad, todas arrastran una vida sin sentido.

Una de ellas quiso quitarse la vida, otra picó con un cuchillo a su padrastro, otra fue golpeada por su mamá porque ésta pensaba que le quería quitar al marido y le quebraron una botella en la cara.

Otra más, ya contaba más de tres abortos y seguía abusando de su cuerpo como si nada. Era adicta al sexo y sólo quería que alguien la tomara en cuenta.

Eran jovencitas que procedían de familias disfuncionales. Lo triste es que ellas pagaban con sexo su protección. Algunas de estas mujeres eran incluso más agresivas que nosotros. En las pandillas se dice que las mujeres son sólo un pasatiempo. Se abusa de ellas y luego se desechan. Yo también quería tener una morra como los demás, pero al igual que ellos, sentía la tentación de estar con más de una y por eso, la neta, mejor preferí no 'clavarme' con ninguna.

Una vez estaban dos miembros del barrio que eran hermanos y ellos como todos, escogían a sus *homies*. Un día después de llegar a su casa de una fiesta, uno de ellos bajó del carro para abrir *el gate* (la reja) y al momento, alguien se acercó a la ventanilla y le dio unos balazos al que se encontraba en el auto. En el acto murió. El otro carnal estaba destrozado por lo que sucedió; llamó a su *homeboy* y vinieron a donde estábamos. Me platicaron lo que pasó.

Yo no le tomé mucha importancia. En vez de hacerles 'un paro' me reí como si lo sucedido fuera un chiste. Cuando vives en el mundo de la muerte, primero te acostumbras y llegas a ser insensible. Lo peor es cuando ya el dolor, la adicción y la muerte te causan risa.

Cuando ellos me preguntaron qué íbamos a hacer, yo les contesté que no se preocuparan de eso, que *'al rato entraban más al barrio'*. Sé que los que me escucharon se sacaron de onda, pero ni modo, esa es la vida de la pandilla: si tú matas a alguien te festejan pero si tú mueres, no esperes que se preocupen por ti, porque el dolor que suscita una muerte en la calle no es el mismo que le estás causando a tu familia.

Recuerdo una vez que a uno de mis *homeboys* le dieron cuatro balazos en otro pleito callejero y los que andaban con él fueron a dejarlo en el hospital. Yo fui a visitarlo y me acuerdo de la mirada que tenía. No era de miedo sino de coraje por lo que le hicieron.

Le pregunté qué haría al salir de ahí, pues veía a su carnala (hermana) y a su jefita que lloraban del dolor porque no querían perderlo. Mi preocupación no era tanto por el dolor de su familia sino saber si él nos abandonaría para darle su despedida, o sea, para *'ponerle una brincada'*.

El dolor o las lágrimas en otras personas no me importaban. Su sufrimiento no me afectaba para continuar con la maldad. Mi *homie* me contestó que saliendo de allí se alejaría sólo mientras se recuperaba, pero que después regresaría para el desquite. Eso es lo que vives, aprendes y enseñas en el barrio: pura venganza y odio.

Ya tenía mi mente muy afectada. Mis ojos quedaron ciegos a mi familia y a mí mismo. Vivía a lo tonto diluyendo el sentido de la vida. Si mis *homies* morían, ya no sentía nada; y si yo moría, era igual para ellos, pues tenemos que morir algún día.

¿Qué es la vida cuando no tiene ningún objetivo? ¿Qué es de los demás cuando se han entregado a una existencia de drogas y peligro constante? ¿Qué sentido tiene la vida cuando vives en sombras de muerte? Y una vez que caes en ese remolino nada te detiene, hasta que te traga el vacío.

Como sabes que la vida se termina de forma inevitable, buscas algo que llene el vacío que sufres por dentro: drogas, alcohol, sexo. Pero eso sólo aumenta tu soledad porque el salario del pecado es la muerte. No hay otra cosa.

La muerte te acecha en cada esquina. Sólo hay una opción, matas o te matan. Lo peor es que con la droga te estás suicidando.

En una pandilla, la codicia y la envidia te acompañan a todas partes. Cargas la traición en la espalda. Siempre quiere ser uno mejor que otro y si no se logra, se busca la forma de aparentarlo. En realidad, yo no era amigo de nadie y nadie era mi amigo. Es difícil conocer la amistad en ese infierno. Incluso, un día describí el infierno como una pandilla donde nadie tiene amigos.

CONCLUSIÓN: Soledad existencial

Mi estilo de vida era el terreno fértil para acabar con mi dignidad. No tenía estructura ni disciplina. Tampoco un marco de referencia para seguir el modelo de un triunfador. Vivía al día, sin horizonte y sin Dios. No tenía sueños ni objetivos.

Yo solo me estaba encadenando y cada día se estrechaban más los límites de mi existencia. Visto humanamente, lo peor estaba por venir.

Me despeñaba en un abismo sin fondo. Tal vez, tenía que abundar en mí el pecado para que sobreabundara la gracia de Dios (Cf. Rom 5,20).

Los que hemos experimentado densas tinieblas, valoramos más la luz. Iba cayendo en una cascada que no tiene regreso. Yo no conocía a Dios ni invocaba su Nombre, pero Él sí me conocía y se daba cuenta de mis heridas y sufrimientos.

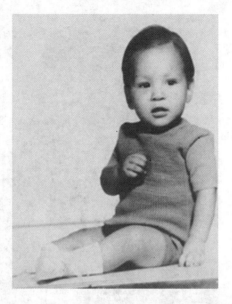

*"No es la voluntad de su Padre, que está en los cielos,
que se pierda uno de estos pequeños" (Mt 18,14).*

"Cuando yo era niño, hablaba como niño,
pensaba como niño, razonaba como niño.
Al hacerme hombre, dejé todas las cosas de niño"
(1Cor 13,11).

II

TOCANDO FONDO

uando mis padres decidieron regresar de California a México, querían que todos volviéramos juntos, pero yo no quería ir con ellos. Mi pensamiento fue: *"Órale, qué chido!... Me voy a quedar solo"*.

1. HUÉSPED TEMPORAL EN LA CASA DE MIS TÍOS

Me recibieron en la casa de un tío, hermano de mi jefa, pero aun así, no es lo mismo. Hay un refrán que dice: *"el arrimado y el muerto a los tres días apestan"* y pude experimentarlo. Mi tío tenía la mejor disposición para que yo me hospedara en su casa, pero su esposa no. Era una señora bien chismosa que aparentaba ser buena, pero resultó una mentira. Lo empecé a notar cuando se sentaban a comer como familia. Me ofreció de comer sólo una vez. Ella siempre me vigilaba, cuidando a dónde salía y de dónde venía.

Para ella, todas mis amigas tenían SIDA (AIDS) y siempre que venían a buscarme me negaba o las corría. Me amenazaba mil veces, que por acostarme con ellas iba a terminar con una enfermedad y después sería tarde para arrepentirme.

Una noche que regresaba de mis ondas, me cambiaron la chapa de entrada a la casa. Cuando venía caminando por la esquina miré que las luces estaban encendidas y al darse cuenta de que yo llegaba, las apagaron. Toqué varias veces y no me quisieron abrir. Me tuve que quedar a dormir en la calle por tres días.

Por un lado, estuvo mejor porque en los meses que estuve con ellos me hacían mala cara, me corrían a mis amigos, esculcaban mis cajones, tiraron mi cepillo de dientes como cinco veces y se gastaban el jabón de mi ropa. Me juzgaron de ratero, me abrían mis cartas, no me daban de tragar. Decían que mis amigas eran puras prostitutas. Mis toallas las usaban para trapear el baño. Eso y otras cosas más que no quiero mencionar. Sus críticas negativas no pararon con mi salida porque aun estando ya fuera de su casa, seguían hablando mal de mí y eso hizo que les agarrara coraje.

Una tarde les propuse a mis amigas que fueran a golpear a la esposa de mi tío; que la arrastraran en la calle para burlarme de ella. Pero el día que se la iban a fregar, ella tenía *'la cola entre las patas'*[1] y me dio lástima. Mejor les pedí que no lo hicieran porque no valía la pena.

¡Qué bueno que me aventaron a la calle! Aunque allí no vivía bien, me sentía mejor. Aun así, con todo

---

1. Frase popular que expresa actitud de tristeza o miedo.

lo gacho que se portaron conmigo les doy las gracias, porque me dieron la oportunidad de saber qué clase de familia eran. Por desgracia, la moneda también tenía otra cara: ellos conocieron qué tipo de persona era yo.

En ese tiempo que me quedé solo, extrañaba a mis carnales y a mis jefes. Pero también creí que disfrutaba de mi libertad porque podía hacer todo lo que quería: fumar marihuana o 'piedra', inhalar coca, 'pistear' (beber), llegar a dormir a la hora que quisiera, quedarme donde me daba la gana, estar con quien yo quería y hacer toda la maldad que tuviera al alcance.

Pensaba que tenía el mundo en mis manos y me reía de la vida. Pero no me daba cuenta de que era juguete de mis deseos. 'Viajaba' a lugares extraños y hasta conocí gente que no existe.

2. INFIERNO DE LA DROGA

Un día, fumando *PCP* con mota en el parque empecé a alucinar. Vi a una mujer que estaba detrás de mí y pronunciaba mi nombre con suspiros. Cuando volteaba hacia ella se me quedaba mirando pero no decía nada. Escuché que alguien me nombró de nuevo por otro lado y giraba para encontrar a quien me llamaba pero no había nadie. En ese momento me dio mucha risa. Después, miré a la misma mujer que flotaba a mi lado sin tocar el suelo y en silencio. Oí repetidas veces mi nombre y me di vuelta con rapidez para saber quién era pero no alcanzaba a ver a nadie.

El demonio de la droga se estaba divirtiendo conmigo. A un lado de donde yo estaba, descubrí a unos morros jugando fútbol americano y caminé hacia ellos. Para despistar el hecho de que andaba drogado me fui mirando el pasto.

Cuando llegué donde ellos, levanté mi rostro; me di cuenta de que no había nadie, sólo era una alucinación. Me regresé a esperar a mis *homies* que habían ido a buscar un baño. Al llegar, a uno de ellos le comenté: "*¿Sabes qué onda?... ¡Escucho voces!*". Él siguió andando sin hacerme caso. Tenía la mirada bien seria y creí que estaba enojado. En eso, escuché mi nombre de nuevo y cuando volteé no había nadie. Regresé la mirada a mi *homeboy* y él ya tampoco estaba. No era real.

Duré un rato solo, oyendo ruidos y voces. La mujer que había visto se fue poco a poco desvaneciendo entre la oscuridad. Empecé a querer reaccionar pero no podía. De repente, se me olvidó mi nombre. Cuando llegó uno de mis supuestos amigos le pregunté cómo yo me llamaba y me contestó: "*Si no sabes tú, yo menos*". Me puse nervioso porque ya no recordaba cómo me llamaba y por más que quería acordarme no lo logré. Nadie se puede imaginar lo que se siente no tener nombre. Ciertamente había perdido lo más preciado del ser humano, la identidad, mientras Satanás se carcajeaba de este 'trapo' sin voluntad.

Esa noche llegué a casa de mis papás 'bien loco' y duré más de cuatro horas haciendo puras tonterías. Mi jefe que estaba en la entrada del apartamento me reprendió: "*Jaime, ¿qué horas son éstas de llegar?*". No contesté nada. Lo ignoré y me fui a dormir. Al menos, ya sabía mi nombre de nuevo.

Cuando andábamos drogados nos metíamos al panteón para burlarnos de los muertos. Caminábamos con el diablo y hasta 'platicábamos' con él. Practicábamos la brujería, jugábamos con la *ouija* e invocábamos demonios. Nuestra vida se hundía cada vez más y más. El barrio que supuestamente era mi vida, sería mi tumba. A pesar de que la muerte me seguía, nunca logró alcanzarme. Alguien me protegía sin que yo me diera cuenta.

Otra noche, *El Solo, El Negro, El Duel* y yo andábamos de vagos. Antes de salir, el jefe de *Duel* me pidió: *"Te encargo a mi hijo"*, al cual le molestaba que lo trataran como a un niño. Nos fuimos a 'pistear' a la casa de *El Sprint*, otro *homie*. De regreso, nos salieron unos cholos a 'tirarnos barrio'. Les gritamos de qué barrio éramos y nos aventaron unos 'cuetazos' (disparos), pero no nos dieron a ninguno. Más adelante nos estaban esperando los mismos cholos con unos bates. Ni chanza (oportunidad) nos dieron de meter las manos. A mi *homie*, El Duel, con un batazo lo tiraron al suelo. A *El Solo* le dieron tres. A *El Negro*, que descontó a dos cholos, le pegaron sólo uno y a mí, me golpearon en seis ocasiones. Nos tocó la de perder por andar drogados. Pero lo peor fue cuando miramos a *El Duel* que estaba en un charco de sangre que le salía de la cabeza. Yo sólo recordaba que su papá me lo había confiado.

Las estupideces que causé en mi pasado fueron siempre bajo la influencia de alguna droga. Sentía que nada me podía pasar y que yo era invencible. Siempre estaba seguro de lo que hacía. Me creía capaz de lograr cualquier objetivo. No me daba cuenta de que en realidad era una marioneta manipulada por las drogas y el alcohol.

Las drogas son un engaño. Es mentira que te hacen feliz, que curan enfermedades o solucionan problemas. Son causa de peleas, accidentes, muerte, violencia y separaciones. Te esclavizan y te conviertes en un mentiroso, sin voluntad ni amistad sincera. Algunos pierden su familia. No pocos mueren en ese valle oscuro y tenebroso; pero aunque no sobrevivan, ya no viven. Uno cree que elige las drogas, pero no es cierto. Ellas deciden por ti: escogen a tus amigos, te llevan a ser irresponsable y muchas veces prefieres quedar bien con tus camaradas que con tu familia.

Tu apariencia física cambia; ya ni siquiera te bañas. Abandonas tu trabajo y los estudios, te mantienes en la calle todo el día y en ocasiones ni llegas a dormir. Cuando lo haces, ya tienes una mentira planeada que nadie cree. Empiezas a sentirte solo cuando tú eres la causa de tu soledad por tu maldito vicio.

Un día ríes y al siguiente lloras. Descuidas tu alimentación, buscas pretextos para drogarte y los encuentras rápido. Eres agresivo con todos y crees que nadie te comprende, pero en el fondo ni tú mismo te entiendes. No escuchas a los que te quieren ayudar. Robas para conseguir más droga, pero se acumulan las deudas por todos lados y hasta te cancelan los servicios de tu casa. Terminas en la cárcel o en el cementerio por dejarte manipular por estas sustancias. Eres un títere de las drogas que son crueles amos. Todo esto pasó en mi vida y culpaba a los que me rodeaban, para reclamarles que no me querían. Las consecuencias de la adicción podía verlas reflejadas en mí, mi familia, mis amigos y en la pandilla. Nos iba destruyendo poco a poco y algunos murieron por sobredosis.

Un día que andaba bien marihuano con mis amigos en un panteón, me empezó a doler el corazón y caí al suelo. Ya no supe nada. Un rato después, abrí los ojos. A mi lado estaba mi *homie El Negro*, llorando. Le pregunté qué pasaba. Me contestó que creía que me había muerto porque al caer empecé a sacudirme y después quedé inmóvil. Comencé a reír y le contesté: *"Ya ves qué suerte tengo, ni la muerte me mata"*.

Seguía jugando a la 'ruleta rusa' con mi vida. Estaba en el umbral del sinsentido de la existencia. Lo cierto es que el demonio te engaña presentándote la droga como un paraíso. Pero después, hasta el mismo Satanás se burla de ti. Te tiene encadenado. Has perdido el control de tu vida. Eres esclavo y no puedes liberarte. Yo, sin saber lo que quería, me hundí más y más en las arenas movedizas porque exploré en caminos equivocados, procurando drogas más fuertes.

3. PANTEONES Y BRUJOS

Cuando era niño, visitaba la Basílica de Guadalupe en la ciudad de México, no porque fuera devoto o porque me gustara ir a ese lugar sino porque cerca de allí había brujos que te leían la mano y adivinaban el futuro. A mí me parecían gente buena, porque Satanás también se disfraza de *"ángel de luz"* (Cf. 2Cor 11,14).

Curanderismo, adivinación y magia desembocan en ocultismo. Luego caen en esoterismo y satanismo. Es una cadena que no se detiene. Yo frecuenté algunos de esos establecimientos para buscar cura a un dolor de espalda que no soportaba.

En una visita a uno de esos lugares, un brujo me miró y luego nos reclamó: *"Jaime, tú y tus amigos acostumbran visitar un panteón para jugar, consumir drogas y tomar alcohol. A los muertos no les gusta eso, ¿lo sabías?"*. Yo respondí: *"No tiene nada de malo, siempre lo hacemos ¿qué nos puede pasar?"*. Me aclaró que el panteón es para que los muertos descansen, no para que la gente se divierta con ellos. Me hizo reír. Él continuó: *"El día que estén jugando cerca de una tumba, alguien que conoces va a morir, o a lo mejor eres tú. Entonces te acordarás de lo que te estoy diciendo hoy"*. La neta, sí me dio algo de miedo, ya no quise platicar con él y fui a buscar a otro.

Cuando regresé a 'Califas' (California) fue lo primero que les conté a mis *homeboys* pero les dio risa. Lo que más me puso a pensar fue que ese brujo me llamó por mi nombre y yo nunca lo había visto antes.

Esa vez que andaba visitando esos establecimientos, me acompañaba mi hermano. Cuando llegamos, vimos que tenía una imagen de la virgen a un lado y de otro santo desconocido, para engañar a los ignorantes. El tipo puso en el suelo un costal que se movía.

Estábamos como unas quince personas alrededor de él. De repente, del costal salió una venenosa víbora de cascabel. La tomó de la cabeza y nos enseñaba los colmillos para que comprobáramos que sí era de verdad. Después de mostrarla a todos la puso de nuevo en el suelo. Se me acerca el brujo y me preguntó: "*¿Le tienes miedo?*". Yo le contesté: "*¿Por qué he de tenerle miedo?*". Se agachó, la sujetó con una mano y me amenazó: "*Si la pongo cerca de tu cara, ¿te da miedo?*". Le contesté que no. Me la arrimó lo más que pudo pero no me hizo nada. Soltó una horrible carcajada que parecía salir del infierno, y entre risas, comentó: " *Muchos le tienen miedo a esta pobre culebrita pero aquí hay uno que no le tiene miedo*". Se me quedó mirando y continuó:

- *¡Yo sé a qué vienes y te puedo ayudar! ¿Quieres que te diga cuál es tu problema?*
- *¿Cuál?*
- *Hace años tuviste un accidente en tu trabajo, te fracturaste los discos de tu columna y ahora no puedes caminar porque cada paso que das el dolor es insoportable.*

Para terminar, me aseguró que él podía curarme si lo deseaba. Yo sí quería sanar de ese dolor porque no podía vivir así. Acepté que me ayudara, sin considerar el precio de la factura.

Me entregó una tarjeta y me invitó a que fuera un día después para darme la 'receta' de lo necesario para el 'tratamiento'. Al finalizar, me preguntó: "*¿Te gustaría darme un donativo por mi trabajo? No me digas que no traes dinero porque sé que vienes de Los Ángeles, California y en tu cartera tienes 202 dólares*". Era cierto y exacto lo que afirmó. Entonces sonreí y le di un billete de cinco dólares. Lo tomó y poniéndolo en la palma de mi mano me dijo: "*Que Dios te dé más*". Tienen que mencionar a Dios para engañar a la gente.

Al día siguiente me fui con mi hermano a la dirección que me dio. Cuando llegué, una persona que yo no conocía estaba sentada en un escritorio. Aquel lugar se sentía tenebroso. Mi hermano me comentó: "*Ése no es el brujo de la calle!*". Contestó el que estaba allí: "*Pásale, Jaime, sí es aquí. Te estaba esperando*". Cuando íbamos entrando a la oficina le indica a mi carnal: "*Miguel, ¿te puedes quedar en la sala de espera en lo que atiendo a tu hermano?*". Mi carnal se llenó de miedo al oír su nombre y me preguntó: "*No manches… ¿quién le dijo cómo me llamo?*". Sólo sonreí y levanté los hombros. Cuando entré, me explicó que ellos trabajan en conjunto, que su propósito es ayudar a la gente y que no hacen mal a nadie. Me dio una receta de lo que tenía que comprar y me indicó que fuera al "mercado de Sonora", donde encontraría todo eso. Después me aseguró: "*Ya cuando hayas comprado todo, te esperamos en el templo que está en frente del edificio, a las doce de la noche, para hacer oración por ti y en una hora vas a salir sano; sin ningún dolor*".

4. OSCURO MUNDO DEL ESOTERISMO

Para terminar la consulta me señaló un lugar y mencionó: "*Ve a ese altar para que hagas oración y ofrece tu enfermedad*". Caminé al altar que estaba cubierto con una cortina roja.

Cuando la moví, miré que detrás estaba una imagen grande de la virgen de Guadalupe y un crucifijo. Alrededor de ellos había muchas fotografías de personas. También tenían monitos con alfileres clavados y bolsitas llenas de cabello. ¡La neta!... ese altar se miraba bien gacho, pero no dije nada, sólo me persigné y me salí inmediatamente.

Mi hermano me preguntó si pensaba volver. Yo le respondí que sí. Pero cuando cruzamos la calle para mirar bien el edificio, me di cuenta de que era un 'templo satánico' donde hacían 'misas negras' todos los martes a las doce de la noche, la hora en que me citaron. Se me quitaron las ganas de regresar a pesar del dolor que tenía en mi espalda.

Creo que sin saberlo, el Buen Pastor estaba protegiendo a ésta, su oveja que ni siquiera se daba cuenta de que estaba perdida.

Al volver a casa, abrí el sobre donde me escribieron la 'receta' de lo que tenía que comprar: *sangre de serpiente, unas veladoras azules, otras negras y algunas rojas...* Lo demás, no lo recuerdo. Después supe que en ese mercado venden todo lo que tenga que ver con la brujería, esoterismo y curanderismo.

Decidí buscar a otro brujo, que le recomendaron a mis jefes porque era 'bien bueno' para sanar todo tipo de enfermedades. Mi jefa consiguió la dirección y fuimos. Ese día, el dolor de mi espalda era insoportable. Casi no podía caminar. Tomamos un taxi y cuando llegamos, ya había mucha gente esperando, lo que me hizo suponer que sí era bueno por todos los clientes que atendía. En la fila estaba una pareja que tenían en el suelo a una joven amarrada con lazos, que gritaba y se sacudía sin control.

De repente, empezó a escupir a todos los que tenía cerca y su papá le dio unas cachetadas para que se calmara. Yo había visto eso sólo en películas pero no pensé que iba a ser testigo de algo así. Cuando entraron a la oficina del brujo se escuchaban gritos de dolor. Los papás de aquella joven lloraban y suplicaban con lágrimas al brujo que sanara a su hija. Yo pienso que no pudo hacerlo porque la joven salió orinada y con convulsiones.

Enseguida entré yo. Mis jefes me esperaron afuera. Este cómplice de Satanás aseguraba que lo que me pasaba no era accidente sino que alguien me tenía embrujado, pero que él podía regresar el mal a quien me lo estaba causando. Me colocó en el centro de la sala y formó un circulo con alcohol a mi alrededor, lo encendió con un cerillo y me indicó que no me moviera, que sólo cerrara los ojos. Comenzó a sacudirme con unas ramas, según él para que se me salieran los malos espíritus. Sin embargo, lo que nunca me advirtió es que con ese ritual esotérico entra el espíritu del mal.

Después de un rato llamó a mi jefa y la invitó a que entrara. Le platicó todo lo que me hizo. Entonces, tomó las ramas y las metió en una bolsa de plástico y le hizo un nudo. Le indicó a mi jefa que cuando saliéramos de allí fuéramos al panteón más cercano y que arrojara la bolsa lo más lejos posible y le *mentara la madre*[2] al que le estaba haciendo mal a su hijo.

El brujo me ordenó que me acostara boca abajo en una camilla que había en la sala. Me alzó la camisa y con su dedos comenzó a tocarme la espalda. Yo sentí que se me desgarraba la piel y le cuestioné qué era lo que me estaba haciendo.

---

2. Es la peor maldición y ofensa en la cultura mexicana.

Me comentó que quería sanar las heridas de mi espalda. No respondí nada, sólo aguanté el dolor que me estaba ocasionando. Cuando salimos, le pregunté a mi jefa que con qué me estaba abriendo la espalda. Ella me aclaró que no cortó nada, que sólo me iba deslizando los dedos por la columna, aunque yo sentía que me rasgaba porque la piel se estiraba.

Hicimos lo que nos recomendó con la bolsa y al llegar a mi casa me interrogó mi jefe sobre cómo me sentía. La neta, igual. Después de varios días me di cuenta de que tampoco sirvió ese brujo, y que sólo le robó a mi jefa lo que nos cobró. Mi dolor de espalda era cada vez más intenso y también se acrecentó mi decisión de seguir intentando su remedio sin darme cuenta del alto precio que estaba pagando por la 'sanación'. Satanás se sirve de personas que hasta rezan, tienen imágenes de santos y objetos religiosos para engañar.

¡Que tenebroso es el mundo de las tinieblas! Pero el que no tiene a Dios se deja engañar con facilidad.

5. RELIGIÓN 'MÁGICA'

Casi un mes después, estábamos en la calle platicando que eso de los brujos y curanderos era pura mentira. Una señora nos contó que *'no existía nadie tan milagrosa como la Virgen de San Juan de los Lagos'*. Nos empezó a platicar los milagros que había hecho la Virgen con mucha gente. Yo pregunté que si esa Virgen me podía sanar y contestó que sí. Emprendí el viaje hasta San Juan de los Lagos, a quinientos kilómetros de la ciudad de México. Así de grande era mi necesidad.

En la entrada de la basílica hay una escalera que va al segundo piso. En toda la pared cuelgan fotos de la gente que ha sido sanada.

Incluso, había relatos e historias tan exageradas que me parecieron propaganda barata para seducir a los incautos. Indagué con una persona sobre qué tenía que hacer para que la Virgen me hiciera un milagro. Me sugirió que visitara unos pozos donde ella se aparecía, tomara agua y que buscara unas bolitas de tierra que estaban escondidas; que si las encontraba, hiciera lodo con el agua bendita y me lo untara en mi espalda. Así, la Virgen me haría el milagro.

Me la pasé todo el día escarbando en la tierra. No era el único. Éramos varios enfermos que buscábamos milagros. Al final del día, encontré varias bolitas de tierra, las coloqué en un recipiente y tomé agua del pozo tal como me lo indicaron.

Recé el *Ave María* y me las unté en la espalda. Me traje una botella de agua bendita a mi casa e hice lodo toda la semana, pero nada… me di cuenta que tampoco ese sistema podía curarme. Me di por vencido.

Revestido de oveja de religiosidad, el lobo del infierno nos promete beneficios, pero la factura que después cobra es peor que el problema que aparenta solucionar. Ya no quise visitar brujos ni confiar en la Virgen. Dios me quería enseñar que el único que cura es Jesús, pues no hay otro Nombre dado a los hombres para ser salvados que el nombre de Jesús, único y exclusivo Salvador y Señor.

6. CAYENDO EN UN FOSO SIN SALIDA

Después de estar un tiempo en México buscando cura para mi espalda decidí regresarme a California. Seguí asistiendo a mi terapia y recuerdo las palabras que me dijo un doctor : *"Aprende a vivir con tu dolor"*. Ya ni modo, tenía que resignarme a sufrir el resto de mi vida.

Una noche me invitaron los *homies* para que fuéramos al panteón a cotorrear. Me acordé que el brujo habló de que los panteones no son para divertirnos y les respondí: *"¿Saben qué onda?... mejor no vamos, ¿qué tal si es cierto y se muere uno de nosotros?"*. Pero *les valió gorro*[3] y de todos modos se fueron.

Al día siguiente les pregunté cómo les había ido. Me contaron que sólo se les atravesó un búho blanco pero que le echaron el carro encima y voló.

En esos días, uno de mis *brothers* tenía un problema con una pandilla enemiga y se citaron en un lugar para arreglar el asunto. Lo escoltaron dos de mis amigos en esa cita donde ya los estaban esperando tres de la pandilla contraria. Según me platicaron, sólo se iban a 'dar un tiro' dos de ellos para terminar la bronca, pero se armó el desorden general. Uno de ellos sacó una pistola y empezó a balacear a mis compas. Mi *homie* también sacó la suya y se dieron balazos unos contra otros.

El resultado fue de dos muertos, uno de cada pandilla. Mis amigos corrieron de aquel lugar y ya después nos avisaron lo que había pasado. Cuando me di cuenta que *El Duel* era uno de los fallecidos, se me fue todo abajo. Les llamé para asegurarme de qué fue lo que pasó.

Mi carnal llorando me preguntó: *"¿Sabías que le dieron un balazo a Jaime?"*. Yo le pregunté; ¿como está?". Y afligido me refirió: *"Está muerto, le dieron en la cabeza"*.

A *Duel* lo conocí cuando era apenas un niño de nueve años. Un día me dijo: *"Yo, cuando crezca, quiero ser como tú"*. Su papá confiaba en mí y siempre me lo encargaba.

---

3. *No dar ninguna importancia.*

Empecé a llorar. Nunca había llorado tanto como ese día. La muerte de mi amigo me afectó mucho. Mis emociones se cruzaron y no sabía qué hacer con lo que sentía. Fue un dolor muy fuerte. Muchas veces me parecía ver una película donde él aparecía sonriendo. Escuchaba su voz, a veces gritando; lo miraba llorando, contento, triste... y muerto. Me fui a donde estaba la pandilla que festejaba la muerte del otro y les recriminé: *"No festejen tanto, que también El Duel murió".* Ellos respondieron: *"Tú no te preocupes, al rato entran más".* Sentí que a nadie le importó la muerte de un camarada. Yo estaba llorando cuando alguien se me acercó y me preguntó: *"¿Para qué lloras?. No te sirve de nada. No creo que tus lágrimas levanten muertos".*

Se siente bien gacho cuando un amigo muere! Yo nunca lo había experimentado de esa forma. Esa noche todos los del barrio estaban ocultos en diferentes lugares. Yo también tuve que esconderme porque sabía que la policía iba a buscar culpables. Una persona me avisó que estaban preguntando por mí, porque según ellos, yo era el culpable de todo lo que pasaba en la pandilla. La familia de mi amigo me denunció pues querían descargar todo su coraje contra mí. Ellos siempre me encargaban que no le pasara nada y no supe cuidarlo. A mí me dolió mucho su muerte pero no puedo comparar lo mío con lo que sintieron sus papás. Por un momento pensé en entregarme a la policía y aceptar la culpa pero no lo hice por mis padres.

Todo esto me confrontaba con el valor de la amistad, mi responsabilidad de velar por mis *homies*, el reclamo de los papás de mi amigo muerto, la persecución de la policía y el dolor de mis propios padres. Sin darme cuenta, Dios estaba traspasando mi corazón de piedra con el dolor para que se ablandara.

7. BUSCANDO MI MUERTE

Mis papás estaban muy preocupados por mí y me decían que nos fuéramos a otro lado para que no me pasara nada. Yo no sabía qué decidir porque quería vengar la muerte de mi amigo. Ellos insistían en que pensara qué quería hacer de mi vida porque así no podían estar en paz, hasta que les contesté: *"Pues díganme qué quieren que haga y lo voy a hacer"*. Entonces me invitaron a que me fuera con ellos al estado de Arkansas. Dos días después, salimos de 'Califas' tratando de dejar una sombra que seguía cada uno de nuestros pasos.

Al llegar, casi no encontramos gente hispana. Entrábamos a las tiendas y 'los güeros' se nos quedaban mirando como si fuéramos gente rara. Ya después nos dijeron que se trataba de un estado racista. Antes, yo hacía lo que quería y ahora me quedaba todo el día encerrado en la casa. Yo no me sentía bien en ese lugar y me quería regresar pero mis padres me convencieron de estar con ellos, aunque sólo soporté unos meses más. Después de que me enfadé, volví a California a seguir en el remolino mortal. Lo que pasa es que cuando estás metido en una pandilla es difícil que salgas de ella porque ya no te sientes a gusto sin hacer maldades o consumir drogas. Es un carro de alta velocidad sin frenos ni volante.

Mi vida no tenía sentido. Estaba sin trabajo, no pensaba en el futuro, no respetaba a mi familia ni a mí mismo. Vendía droga, me la pasaba loco y borracho. En realidad estaba buscando mi muerte. Muchos esperaban que me mataran a mí también como lo hicieron con otros. Mi nombre estaba en círculo con el número 187 que significa que era buscado por mis enemigos para matarme. Mis días estaban contados y me encontraba en la cuenta regresiva.

Al ver todo lo que estaba pasando, me hice el ánimo de que íbamos a morir uno a uno. La vida de los barrios es como el agua de una coladera que se va perdiendo poco a poco, unos balaceados, otros mueren en la droga, unos amanecen muertos, otros ya están muertos en vida por las adicciones.

Nacer, sufrir y morir. Esa ley nadie puede detenerla. Aquí se aplica aquel adagio que repiten quienes no cuentan con horizontes ni esperanza en la vida: "*comamos y bebamos, droguémonos y emborrachémonos, violencia y sexo, al fin que mañana moriremos*" (Cf. 1Cor 15,32b).

Cuando estás en un barrio crees que eres feliz, pero es mentira, sólo hay angustia que se disfraza de violencia. Todos los días estás planeando qué meterte al cuerpo para escapar de la realidad. Siempre buscas una excusa para huir del compromiso que tenemos como hijos y seres humanos. Se opta por la vida fácil, sin que nada nos cueste, robando a otros, destruyendo vidas, despreciando el amor de nuestros padres, matando los sueños que tenían de nosotros y enterrando las posibilidades de un futuro. De 'Califas' mi *homeboy* 'El Negro' y yo nos venimos. Con los dos bastaba para tener espantada a una ciudad. "*Allí están los asesinos*" -decía la gente. Nos tenían miedo.

En Arkansas tomé la decisión de hacer lo mismo que en California. Empecé a formar mi pandilla. Eso fue fácil, porque hay muchos jóvenes que no se llevan bien con sus padres y que viven en familias disfuncionales. Hay muchos que desean ser reconocidos o sueñan con ser cholos. Quieren ser valorados y aceptados y buscan apadrinarse de alguien que ya tiene fama. Cuando este tipo de personas escuchan el llamado, llegan solitos, como las moscas a la suciedad.

Así, nos encargamos de crear un mundo de terror desde 1995 hasta el año 2000. Cinco años más de darles dolores de cabeza a mis padres y a los de *El Negro*, que según ellos nos llevaron a un lugar sin problemas. Comenzamos a fumar droga, a venderla, formar cholos, odiar gente, hacer enemigos, ver madres llorar, a sus hijos buscando pleitos o muriendo, etc.

Un día, uno de mis *homeboys* nos presentó a unas amigas que también venían de California. Nos juntábamos con ellas a beber y a drogarnos. Lo hacíamos cada fin de semana pero había momentos que nos aburrían, porque algunas ya estaban casadas y nosotros, solteros, buscábamos algo diferente. Empezamos a ir a los clubes nocturnos los fines de semana a bailar *Hip Hop* y allí conocimos más amigas que se denigraban porque no sabían lo que valían. Las poníamos bien borrachas, les dábamos drogas, nos divertíamos con ellas y después las dejábamos como trapos sucios.

Un fin de semana nos metimos a un club para bailar pero llegaron unos chinos a buscar pleito. Al *Negro*, que era bien agresivo, le recomendé que no armara bronca porque ya nos habían corrido de los otros clubes por lo mismo y ése era el último donde podíamos juntarnos los fines de semana. Como siempre, no me hizo caso. Se desató una pelea y agarramos a los chinos a sillazos. Llegaron los de seguridad y nos mandaron a la calle. Ya no podíamos entrar en ningún lugar. Estábamos bien 'quemados' por todos lados.

Una noche salimos a buscar donde divertirnos y nos comentaron que había una fiesta de quinceañera. Llegamos los tres *homeboys* alcoholizados y aunque la fiesta no era de nuestro agrado por la música, nos quedamos.

Nos fuimos hasta el final del salón donde nadie nos molestara. Compramos unas cervezas y nos dedicamos a burlarnos de los bailarines. Cuando toda la gente se divertía *El Sprint* dijo: *"Ahorita vengo, voy al baño"*... *"chido"* -le contesté. Unos paisas le salieron a medio camino y le preguntaron de qué barrio era. *El Negro* y yo nos levantamos y les advertimos que no queríamos problemas. Ellos pensaban que por ser más que nosotros tendríamos miedo, pero no. *El Sprint* agarró a uno del cuello y lo tumbó al suelo. Otra vez a pelear...

8. GOLPEO A UN POLICÍA Y ME ARRESTAN

Cuando estábamos en la bronca llegó la policía y se nos dejaron ir. Un 'poli' le iba a pegar al *Negro* en la cabeza y no lo dejé. Le agarré el fierro con el que le quería golpear. Él se volteó y me tiró el macanazo pero antes le puse unos *fregadazos* en su máscara y le abrí la frente. Sólo aguantó tres y se desmayó. Estaba bañado en sangre. Llegaron otros dos policías y nos rociaron la cara con spray de pimienta, que arde bien gacho. No alcancé a mirar nada, me tiraron al suelo, me arrastraron afuera del salón y me pusieron el pie en el cuello; nos llevaron 'al bote'. En la cárcel, otro preso estaba con nosotros en la misma celda bien borracho y gritaba que no quería estar allí. Me dio risa porque, ¿quién quiere estar allí? Y me dijo: *"Tú cállate, güey"*. Le tuve que dar un fuerte golpe en la nariz. Empezó a llorar y gritaba: *"Me quieren matar unos cholos"*. Mi amigo ya estaba dormido y despertó reclamándole: *"A mí no me metas en tus broncas"* y le rompió los dientes. El pobre borrachito, quedó bien golpeado.

Una semana después andábamos otra vez bien drogados y fuimos a divertirnos a un salón de baile que habían abierto, pero el gacho de la seguridad no quiso dejarnos entrar. Pateamos la puerta, lo amenazamos pero tampoco. *El Negro* aconsejó que mejor nos fuéramos porque ya andábamos muy mal.

Salimos al estacionamiento, nos subimos al carro y abandonamos aquel lugar. De repente, me alertó *El Negro*: *"Hey, creo que traemos la policía atrás"*.

Me echaron las luces y me detuve. Uno de ellos me pidió que le mostrara la licencia y se la di. Me comentó que no servía porque era de otro estado. Se fue a la patrulla y me dio cuatro *tickets* (multas). Me enojé mucho y le cuestioné el por qué de tanto odio. Él detalló: *"Uno, por no traer licencia; otro, por no tener cuidado al manejar; uno más, por aliento alcohólico y el último, por no llevar el cinturón puesto"*.

No respondí nada para ya no meterme en más problemas. Pero cuando el policía empezó a gritarme, le pedí que no lo hiciera. Me obligó a mostrarle qué era lo que iba a hacer si me gritaba. Lo tomé del cuello y lo azoté en la puerta del auto. Rápido me agarraron otros dos agentes y me arrestaron.

Me subieron a la patrulla y me llevaron a la cárcel, pero alcancé a decirle al *Negro* que fueran por mí. Pasó el tiempo y estaba bien 'sacado de onda' porque nadie se presentaba y el policía que aventé estaba afuera amenazándome, retándome con que después de salir me iba a golpear. Me aseguraba: *"Nada más porque me agarraste mal parado; si no, te hubiera ido muy mal"*.

Me reí y se enojó. Pateó la reja y gritó: *"¿Quieres que te saque para que veas lo que te va a pasar?"*. Entonces paré de reír y mirándolo a los ojos lo reté: *"Quítate tu mugroso uniforme, entra aquí y verás cómo te va"*. Pero se lo llevaron sus amigos para no agrandar el conflicto.

Después de casi tres horas llegó un policía y me informó que me iban a hacer un test de alcohol y que después me dejarían ir.

Me acordé que si te metes una moneda en la boca, el aparato no marca bien. Yo traía una moneda y me la coloqué en la lengua, pero al quererla esconder ya me la estaba tragando y no la podía escupir. Por poco me ahogo. De puro milagro me la saqué con los dedos y mejor ya no la usé. Me hicieron el examen y reportan que traía en la sangre el equivalente a haber ingerido 24 cervezas, pero como andaba bien 'cocaíno', no se me notaba lo borracho.

9. MIS TESTIGOS ME SACAN DE LA CÁRCEL

Después que el policía llevó los resultados, regresó y me gritó: *"Ya lárgate de aquí; ya vinieron tus amigos"*. Caminé por el pasillo hasta el final. Di la vuelta para la salida y allí descubrí a 'mis amigos' firmando los papeles de la fianza. Eran mis papás. Estaban de espalda y no sabían que yo me encontraba detrás de ellos.

Ese día los miré como nunca antes lo había hecho. Mi jefa tenía muchas canas y mi jefe, varias arrugas; pero lo más triste es que me dí cuenta de que yo era el que los estaba acabando. En ese momento me sentí basura. Mis padres se estaban haciendo viejos. Sufrían por mí y yo no hacía nada por ellos. Mi mamá volteó a mirarme y su mirada me recordó a aquel viejito que *El Chago* y yo robamos en la parada del autobús. Sus tristes ojos me repetían: *"Por favor, ya no me hagas ni te hagas más daño"*.

Yo esperaba gritos de mi madre o que me regañara, pero no fue así. Sólo me preguntó: *"'Mijo',¿ ya comiste?"*. Sentí bien gacho en mi corazón.

Tenía ganas de llorar, pero como era el jefe del barrio, no podía quitarme esa máscara de malvado y le contesté: *"No, no quiero nada, vámonos"*.

En el trayecto de la cárcel a mi casa, reconocí que ellos no merecían que por mi desenfrenada conducta tuvieran que sufrir. No tenían la culpa de que yo estuviera preso.

No quería perder a mis jefes, ni que algún día se fueran de este mundo sin haberlos disfrutado. Mi madre siempre ha estado con nosotros, mi padre sacaba de la cárcel a mis carnales y ese día, a mí. Ellos no pueden estar padeciendo por mis maldades y yo, 'El Serio' estaba acabando con sus vidas.

Cuando llegamos a mi casa todavía mi jefe me preguntó que si me calentaba tortillas para cenar conmigo. Yo le respondí que no. Esa noche no me regañaron ni me comentaron nada, sólo se fueron a dormir en un silencio sepulcral. Estaba recibiendo una muestra del amor de Dios en el amor de mis jefes. Pero no era fácil dejarse amar.

Yo era como una tuna espinosa que no permitía que me acariciara nadie porque no creía en el amor. Tal vez, en el fondo, no me sentía digno de ser amado.

CONCLUSIÓN: Caminar sin avanzar

El cholo ha sufrido lo indecible y se desquita haciendo sufrir a los demás. Atrás de un pandillero y drogadicto hay una persona que no fue amada, al contrario. No lo juzgues, nunca lo condenes. Tal vez si tú cargaras todo ese peso, no serías mejor que él.

Vivíamos sin objetivos ni trascendencia, como si sólo existiera esta vida.

Ya san Pablo lo describió hace dos mil años: *"Comamos y bebamos que mañana moriremos"* (Cf. 1Cor 15,32b). Desorden y placeres, sexo y drogas, alcohol y marihuana que al fin lo único seguro que tenemos es que mañana moriremos.

Vivimos o mejor sobrevivimos sin esperanza y sin Dios (Cf. Ef 2,12b), hundiéndonos en el precipicio del sinsentido de la vida.

Nos pasó como a aquella oveja que se escapó del redil (Cf. Lc 15,4). Lo peor no es que estuviera extraviada sino que perdió la capacidad de regresar. Así sucede cuando uno se precipita en la cascada del mal, la mentira y la muerte. Llega el momento en que la voluntad se debilita y eres un payaso en el escenario de la vida. Ya no puedes regresar, a no ser que alguien o *Alguien* te vaya a buscar.

La pandilla

Malas compañías

III
LA NOCHE
DE MI LIBERACIÓN

Comenzaba el amenazante año dos mil, pero mi vida estaba ya terminando. Los brujos, adivinos y medios masivos de comunicación habían anunciado que el 'fin del mundo' era inminente, que ocurrirían terribles desastres. La sociedad estaba apanicada esperando con los brazos abiertos toda clase de calamidades.

A mí, nada de eso me importaba ni menos me preocupaba porque yo estaba cerca del abismo. Es más, si en verdad se acababa el mundo, sería la única forma en que me libraría de la pesadilla de mis adicciones.

1. ALTERNATIVA: MI MUERTE O JESÚS

Era el nueve de enero. Aquella noche cuando el sol ya se ocultaba y la oscuridad cubría mi vida, me refugié en mi cuarto, acompañado por dos inseparables amigas, la soledad y la tristeza que nunca me habían abandonado ni traicionado. Miraba para atrás y sólo veía la estela de todo el mal con el que había enlodado a tanta gente, pero en especial, a mi familia y a mí mismo.

No era una simple depresión o resaca de tanto veneno en mi mente sino que en mi alma aparecían las huellas de sangre de los malos pasos que había dado. Pero lo terrible del drama era la certeza de que para mí ya no había camino de regreso porque vivía esclavo de mis vicios. No tenía a dónde volver ni cómo lograrlo. El sepulcro, que de mil formas yo había labrado, respondía a mis deseos de muerte mientras se escuchaban ya los primeros acordes de la marcha fúnebre. Todos los caminos se habían cerrado. La única opción que se me presentaba para dejar de hacer tanto daño era la muerte, *mi muerte*. ¿Tendría la valentía o la cobardía para intentarlo?

Esa oscura noche me enclaustré en mi cuarto y tuve especial cuidado de cerrar la puerta con seguro, por lo que pudiera suceder. Entonces y de manera sorpresiva, vino a mi memoria un joven evangélico que todos los días pasaba delante de mí, con Biblia en mano y me gritaba: *"¡Que Dios te bendiga, hermano. Dios te ama!"*.

Yo, cansado de tanta 'fraternidad' le dije que no me volviera a llamar 'hermano' porque yo no era hermano de ningún loco fanático. Además, que si intentaba bendecirme, lo iba a matar. Este *"aleluyo"*, como yo lo llamaba despectivamente, no dejaba de anunciarme el amor de Dios porque estaba convencido.

Me respondió con calma y sin miedo a mis amenazas: *"Como mañana voy a pasar y te voy a bendecir y me vas a matar, sólo quiero decirte mis últimas palabras: Serio, cuando ya no puedas con tu vida, entrégale a Jesús lo que quede de ella, aunque tu corazón esté hecho pedazos. Él está llamando a tu puerta. ¡Aleluya! Escucha su voz. Ábrele tu alma y entrega todos esos pesos que ya no puedes seguir cargando porque te agobian. Cuando se te hayan cerrado todos los caminos, él es el Camino, la Verdad y la Vida. ¡Aleluya! No hay otro que te pueda salvar, Serio, te lo digo en serio. Todo el que invoque su Nombre, será salvo, Serio. Si no me crees, haz la prueba"*.

Luego me desarmó cuando levantó la Biblia y me prometió: *"Nos vemos mañana, hermano"*. Ese *"aleluyo"* no le tenía miedo a la muerte mientras que yo la estaba buscando. Esa imagen y esas palabras revoloteaban en mi mente, sin que yo lo procurara pero sin que tampoco pudiera evitarlo. Lo malo es que yo no podía hablarle a *"ese Jesús"*, pues ni lo conocía. Además, tenía la certeza de que él sólo escucha a la gente buena y piadosa que va a Misa, reza muchas novenas y lleva medallas de oro en su cuello.

"¿Cómo se reza?" -pensé- *"¿Tendré que ponerme de rodillas?, ¿cómo es que Jesús escucha las oraciones?"*. Me arrodillé y cerré mis ojos. No se escuchaba nada, sólo el silencio y la oscuridad estaban conmigo.

2. ENTREGO MI VIDA DESPEDAZADA

Yo no sabía hablar bonito y le dije lo que brotó de un corazón herido y defraudado: *"Jesús, ¡la neta!... no sé quién eres, pero dice el 'aleluyo' que tú me vas a hacer el paro en mis broncas y en mis vicios. Yo ya no puedo más. Si es que existes dame una señal. Haz un sonido o algo para que pueda saber que estás aquí y me estás mirando"*.

No se escuchó nada, ni siquiera un solo ruido. Entonces lo reté: *"¡Si tú crees que me puedes ayudar a dejar mis vicios, dime algo!"*. Como nada sentí pensé: *"Ahora sí ya estoy acabado. Ya ni Jesús me quiere"*.

3. ALGUIEN ENTRA EN MI CUARTO CERRADO

De repente, percibí que alguien entró a mi cuarto y se me acercó. Estaba a mi lado, no decía nada, no hacía nada, sólo estaba allí. Pregunté en voz alta: *"¿Eres tú, Jesús?"*. No me contestaba nada. Yo sabía que había alguien. Estaba seguro. De nuevo repetí: *"¿Eres tú, Jesús? Si es que eres tú, ¿qué te cuesta darme una señal? ¡Dime algo, no te quedes callado!"*. Su silencio hizo brotar una lágrima de mis ojos que empezó a deslizarse lentamente por mi mejilla. Yo no quería llorar, sólo anhelaba saber si alguien me podía liberar de mis adicciones que me llevaban a la muerte.

En ese instante, brotó un borbotón de lágrimas que no podía ni quería parar. Me rendí ante 'ese Jesús' silencioso y le dije: *"Si quieres que llore, está bien, voy a llorar, pero, ¿para qué?"*. Caí en el suelo cual gladiador derrotado y desde mi debilidad le repetí: *"Jesús, si es que tú puedes hacer algo con mi adicción a las drogas, ¡ayúdame! Ya no tengo fuerzas para hacer nada, he tratado muchas veces de dejarlas por mí mismo y nunca lo logré. Si me ayudas, voy a ir a Misa todos los domingos"*. Mencioné eso de la Misa, no por devoción ni convicción, sino porque era lo que más trabajo me costaba en la vida. En ese momento sólo quería dejar mis adicciones y si eso me ayudaba, ¿qué más da?

Ya rendido reconocí su poder: *"Jesús, aquí está mi vicio de las drogas. Lo entrego a tus pies. Yo no soporto ya más seguir con él pero tampoco tengo fuerzas para dejarlo. Yo ya no lo quiero. Te lo entrego. Ahora ya es tuyo. Tú sabes lo que vas a hacer con él"*.

Mientras lloraba sin parar alguien me abrazó con un cariño y ternura como yo nunca lo había experimentado. Mis lágrimas de dolor se transformaron en llanto de alegría y felicidad. Después, me puse de pie y me fui a mi cama sin estar seguro de que esa persona en mi cuarto fuera Jesús. Pero yo me preguntaba, ¿cómo entró si la puerta estaba cerrada con seguro?

Eso sucedió un domingo en la madrugada. Cuando desperté, supe que algo había pasado en mi vida. No sé cómo explicarlo pero no me sentía igual que antes. No estaba 'crudo' ni 'de viaje' por las drogas. Me bañé y le propuse a mi jefa: "¿Vamos a Misa?". Me miró como diciendo: "Y a éste, ¿qué le pasó?". Llamó a mi jefe y le contó que yo quería ir a Misa. Él contestó como si fuera lo más normal: "Está bien, vamos".

4. VAMOS A MISA

Cuando íbamos en camino pensaba en lo sucedido la noche anterior. Yo parecía el mismo pero algo radical había cambiado. Llegué a la iglesia y me paré en la puerta. Todavía le aclaré: "Yo te dije que vendría, pero no que iba a entrar".

Estar una hora en la celebración fue desesperante. Sentía que me quemaba de coraje cuando escuchaba al sacerdote hablando sin parar. Mi jefa me miraba y me aconsejaba que me calmara a lo que le contestaba que no aguantaba un sermón tan largo.

Sin embargo, recordaba que yo había prometido algo y tenía que cumplir porque a pesar de mis dudas, estaba seguro que alguien entró en mi cuarto y ese alguien fue Jesús. Allí entendí que sólo los que creen, dudan. La fe no significa no dudar sino seguir adelante con todo y tus dudas.

5. YA NO ME APETECE LA DROGA NI EL ALCOHOL

Al fin salí de la Misa y nos fuimos a casa. Me llamó mi amigo *El Negro* para ir a echarnos unas cervezas y le pedí que viniera por mí. Créanme que cuando lo vi tomando cerveza no me apetecía para nada. Él me preguntó:

- *¿No vas a tomar?*
- *La neta, no tengo ganas, no se me antoja.*

Después sacó un 'toque' de mota y me ofreció:

- *¿Y éste, tampoco?*
- *Qué raro, no quiero nada.*

Y por primera vez ya no se me antojaba ni la cerveza ni la droga. Regresé a mi casa, entré en mi cuarto y saqué una bolsita de cocaína que tenía escondida y otra de marihuana que guardaba para vender. Las eché en la taza del baño, porque ese es el lugar donde deben estar. La droga es pura mierda. Me desprendí de ella con la ayuda de Jesús.

Ese fue el primer milagro que pude experimentar. Jesús hacía lo que para mí era imposible.

Yo no dejé las drogas, el alcohol y el pecado para alcanzar a Cristo. Cuando lo encontré, o mejor dicho cuando él me encontró, renuncié al pecado y a las drogas. Zaqueo no se convirtió para que Jesús viniera a su casa. Cuando Jesús entró a su hogar, el pecador de Jericó cambió de vida.

No esperes a dejar el camino de la muerte ni renunciar a tus vicios. Sólo ábrele a Jesús las puertas de tu corazón y la luz echará fuera todas las tinieblas. Él no viene a nosotros porque seamos dignos, sino porque nos ama y nos quiere libres y felices.

6. NECESIDAD DE CONOCER A MI LIBERTADOR

Seguí asistiendo a Misa cada domingo, sin saber quién era Jesús. La droga ya no me atraía. No la necesitaba. Se habían roto las cadenas pero todavía no era libre, porque la libertad es Jesús.

Un día después de Misa, el sacerdote estaba afuera despidiendo a la gente. Me acerqué y le pregunté: *"¿Padre, usted sabe dónde puedo conocer de Jesús?"*. Le platiqué mi experiencia y sonriendo dijo: *"Aquí. Éste es el lugar donde puedes saber más de él"*.

Me llevó a un grupo de jóvenes y les comentó que yo iba a asistir con ellos. Todos me miraron raro por mi forma de vestir y mi aspecto de cholo. Me incomodaba el cómo me veían pero no me importó. Yo quería saber quién era ese Jesús que le había dado luz a mi vida cuando yacía en las tinieblas de la muerte.

Me acuerdo que impartían unos temas en los que hablaban de Jesús. Pero acentuaban demasiado que nosotros lo habíamos hecho sufrir mucho por nuestros pecados. Su enfoque, en vez de motivarme a conocer más de Jesús me desanimaba pues daban a entender que yo, y no su amor por mí, era la causa de la entrega de Jesús en la cruz... Tampoco mencionaban su resurrección ni su victoria sobre la muerte.

Un día me pararon enfrente de una imagen de Jesús crucificado y me acusaban: *"¡Mira todo lo que hizo por ti y tú cómo le pagas!"*. Me sentía culpable de que mi maldad fuera la causa de su muerte. Empecé a llorar. Esto creó en mí un complejo de culpa.

Creo que eso era lo que pretendían lograr con su enseñanza. Ellos disfrutaban cuando alguien lloraba en las pláticas que daban, pero no sabían el daño que nos ocasionaban, pues para ellos, yo era un pecador que no merecía la misericordia de Dios, ni el perdón que ya había experimentado.

Me presentaron a un Jesús vencido por el dolor y la cruz, pero yo en mi pensamiento sabía que él no estaba muerto. Si no, entonces ¿quién fue el que entró a mi cuarto cuando lo llamé? Yo no invoqué a nadie más, sino a Jesús. Mi abandono de la droga y la abstinencia del alcohol eran la prueba de que él estaba vivo.

7. ME EXPULSAN DEL GRUPO DE JÓVENES

Pasando el tiempo, los jóvenes empezaron a criticar mi forma de vestir y a sugerirme que allí no era mi lugar. Ya no podía estar con ellos. También sospechaban que tal vez yo sólo quería conocer mujeres. Un día, uno de ellos me sugirió que por qué no iba a los *Alcohólicos Anónimos* o con los *Drogadictos Anónimos*; que allí me iba a sentir mejor. Le contesté que en la cárcel o en el panteón, era donde ellos me querían ver. Él me contestó: *"Esa es tu decisión"*.

Tuve que salir del grupo y visitar otra iglesia, donde ocurrió lo mismo. Parece que mi vestuario y mi imagen les molestaba a todos pues siempre incomodaba en cualquier lugar que visitaba.

Un día fui a un grupo de oración y desde que me paré en la puerta ya me estaban rechazando. Una mujer me preguntó que a quién buscaba y le contesté que quería aprender de Jesús. Ella me pidió que me esperara afuera. Fue a hablar con uno de los dirigentes. Él vino a mí, aclarándome que allí no podía estar porque había muchos niños y no querían que me metiera en problemas. La realidad es que me corrían cada vez que quería acercarme a la comunidad de Jesús.

El rechazo en la Iglesia Católica me afectó al inicio pero no me desanimó a seguir en mi búsqueda. Pasé un lapso de cinco meses sin encontrar respuesta, mientras que la sed aumentaba. Yo quería saber quién era ese que me había liberado de la droga y el alcohol.

Allí estaba ya Dios actuando, pues la Palabra afirma: *"Nadie viene a mí si mi Padre no se lo concede"* (Cf. Jn 6,65). Había un imán irresistible que me atraía hacia ese Jesús que yo no conocía, pero que quería encontrar. Era el amor del Padre misericordioso.

8. ME VOY CON LOS HERMANOS EVANGÉLICOS

Me fui a una iglesia de hermanos evangélicos, donde me recibieron bien y me integré al grupo de jóvenes. Todo iba de maravilla, hasta llegué a pensar que por fin había encontrado mi lugar.

En ese grupo reconocí que Dios me ama y que soy pecador, incapaz de salvarme por mí mismo. Luego confesé a Jesús como mi único Salvador personal. Después lo proclamé el Señor de toda mi vida.

Uno de los jóvenes me preguntó si seguiría asistiendo a su iglesia o sólo era temporal mi visita. Le contesté que me sentía bien y que a lo mejor allí me quedaba. Una semana después, los dirigentes de ese grupo juvenil se me acercaron y me cuestionaron de nuevo.

La pregunta esa vez fue: *"¿Qué buscas en este grupo? La razón por la que preguntamos es porque ya tienes algunos meses y vemos que no quieres cambiar tu forma de vestir y eso causa 'mala influencia' a nuestra iglesia"*. Les respondí que no tenía planes de cambiar nada de mi vestuario porque cuando Jesús entró a mi cuarto, yo así estaba vestido y él no me rechazó. Me contestaron: *"Entonces vas a tener que buscar otra iglesia porque aquí no puedes venir así"*.

9. REGRESO A CASA: MI IGLESIA

Me regresé a la parroquia donde fui a Misa para hablar con el sacerdote. Le platiqué todo lo que estaba sucediendo en la lucha por buscar a Jesús. Me comentó que encontrar a Jesús es una gracia pero que para conocerlo necesito del Espíritu Santo. Me llevó con algunos de los jóvenes y les puso en claro que si no me aceptaban en el grupo, tenían que cancelar sus reuniones.

Más a fuerzas que de ganas, me abrieron las puertas. Yo le comenté a su coordinador: *"De hoy en adelante voy a ser una piedra en tu zapato, pero no me salgo de aquí y ni te atrevas a decirme algo porque soy capaz de romperte la nariz"*.

Hubo unos días en que me desanimaba porque veía las contradicciones entre el Evangelio y su forma de tratar a otros. Esto fue un gran aprendizaje: los que están cerca de Cristo también caen y se equivocan; pero la mano de Jesús está siempre dispuesta a levantarlos y sostenerlos. A ti te toca solamente no soltarte de esa mano.

Sin embargo, ya estaba tatuado por aquella presencia que entró en mi cuarto cerrado con llave. Pero, la verdad, eran mi vida y mi corazón los que estaban clausurados con candados... y alguien traspasó los muros para entrar. Algo nuevo había nacido en mí aquella noche.

10. JUICIO Y SENTENCIA: SEIS AÑOS DE CÁRCEL

Pasaban los meses y se llegó el día que me presentaría a la corte por el problema de los policías que agredí. Me sentía seguro porque Jesús nunca te abandona cuando empiezas una relación con él.

Contraté a un abogado porque me acusaban de haber golpeado al policía con un fierro en la cabeza, lo cual no era cierto. Yo le pegué al agente para salvar a mi amigo,

El Negro, de un golpe en la nuca que el uniformado le iba a dar. Tenía siete testigos que sabían que no usé ningún objeto para golpearlo y que estarían de mi parte. Entré en la corte y miré para todos lados buscando a los testigos que apoyarían y para mi mala suerte, ninguno llegó. Todos me fallaron y me dejaron solo. El abogado se me acercó y preguntó: *"Ahora, ¿qué hacemos?"*. Mi respuesta fue: *"No sé"*. No tenía quien me apoyara. Sólo a Jesús.

Inició el juicio. Los policías eran cinco contra mí. El juez me preguntó si yo había golpeado al oficial. Le contesté: *"Sí, pero con las manos"*. Él dijo: *"No te pregunté con qué, sólo si de verdad le pegaste"*. Le contesté: *"Sí, soy culpable"*.

El juez dictó la sentencia inmediatamente: ¡*seis años de prisión!* En ese momento se me derrumbó todo. No sabía qué hacer.

Mientras el juez leía unos papeles que tenía en sus manos, yo, aprovechando el tiempo comencé a platicar con Jesús en silencio. Mi reclamo era: *"Jesús, creo que desde que comencé a asistir a Misa no he fallado ningún domingo. He recibido, rechazos, mal juicio, críticas de todo, pero no he faltado a mi palabra. Si hoy me encierran en la cárcel no sé qué van a pensar mis jefes de ti. Desde que empecé este camino andas junto a mí; si me encierran, tú te vienes conmigo y no creo que te vaya a gustar la prisión. Si me salvas de la cárcel puedo hacer más por ti que estando encerrado, pero que no se haga mi voluntad, que se haga la tuya"*.

Me rendí, pero con un agrio sabor de boca. Estuve en silencio y veía cómo los oficiales me miraban. Yo sabía que tenía que pagar mi error, pero al mismo tiempo me preguntaba: *"¿Dónde está mi Salvador cuando más lo necesito?"*.

11. ¡QUE SE HAGA MI VOLUNTAD! Y SE HIZO

Volví a mi oración con más confianza: *"Jesús, esta vez no quiero que se haga tu voluntad, porque sé que tú eres justo y lo justo es que yo debo estar en prisión. Así, mejor que hoy se haga la mía y te prometo que si me haces el paro, saliendo de aquí voy a comprar una Biblia, la voy a estudiar para conocerte y le diré a la gente quién eres, pero no me abandones en la cárcel.* Los oficiales hablaban algo que yo no escuchaba. Se acercaron al juez y le hicieron un comentario. Él me preguntó: *"Si te dejo ir, ¿crees que puedas mejorar tu comportamiento con los demás?".*

En ese momento, mi corazón se llenó de alegría y le contesté mirando al policía que agredí: *"Sí, sí puedo hacerlo"*. El juez dijo en voz alta. *"Se te retiran los cargos"*. Y añadió:

- *Sólo tienes que pagar una multa y hacer servicio a la comunidad.*
- *De acuerdo, señor juez. ¡¡¡Qué grande eres Jesús!!!*
- *¿Qué? Yo no me llamo Jesús.* -replicó confundido.

No pude explicarle porque ni yo mismo entendía ese abrazo de mi Dios. El abogado se me acercó y con cara de incredulidad, me confesó: *"Yo no sé qué paso, pero estás libre"*. Yo, lleno de emoción le contesté: *"Yo sí sé lo que pasó. He hecho un trato con el mejor de los abogados que existe y no creo que pueda perder ningún caso por muy difícil que sea. Es más, es especialista en casos imposibles. Su Nombre es Jesús"*.

Ese día, Cristo fue tanto mi abogado como mi juez con una decisión de misericordia: *"El Serio quedó libre"*. Otro milagro más en mi vida. Ahora disfruto de mi libertad en la vida y ¡la libertad más importante que es la que da Cristo! ¡El Serio está libre por Cristo! ¡Qué chido es mi Señor!

12. DIOS TIENE UN PLAN DE VIDA

Me fui directamente a la parroquia y compartí con el padre lo que había pasado. Él, sonriendo, me dijo: *"Serio, Jesús tiene un plan para tu vida pero necesitas saber que vales la sangre preciosa del Hijo de Dios"*.

Era difícil aceptar que valía tanto, porque yo me sentía la peor persona y el mayor de los pecadores. Creía que no era digno de recibir el amor de Dios y que no podía ser amigo de Jesús.

El sacerdote me decía que tenía que aprender a quererme, respetarme y valorarme como hijo de Dios, y que a pesar de mis errores, Dios tenía un plan para mi vida. Me quedé pensando por un momento. No sabía qué contestar, nunca me habían dicho eso. Nadie me enseñó en el pasado que yo era amado por Dios.

Por primera vez se me abrió el horizonte con un plan elaborado por la sabiduría y el amor de mi Dios. El sacerdote añadió: *"Serio, tú tienes razón en reconocer que eres pecador porque esa es la condición necesaria para ser salvado. Pero ahora, hay que darle vuelta a la misma moneda y profesar: "Yo fui un gran pecador pero ya fui perdonado por Jesús y lavado con su sangre preciosa. Yo he experimentado su amor porque donde abunda el pecado, sobreabunda el amor misericordioso de Dios". Y también 'A aquél a quién más se le perdona es quién más ama'. Tú eres un privilegiado, Serio; en serio"*.

CONCLUSIÓN: Nueva vida en Cristo Jesús

Cuando más oscura estaba la noche de mi vida, apareció la Luz del mundo para liberarme de las ataduras que yo no podía romper. Todo fue obra suya; gratuita, porque él ama especialmente a los pecadores y yo era uno de los primeros.

Creo que todos llevamos cadenas de esclavitud y de alguna adicción de la que no nos podemos liberar. Pero hoy, como testigo de lo que he visto y oído, me convierto en aquel 'aleluyo' para asegurarles:

"Hermano, si ya no puedes con tu vida, hay uno, sólo uno que murió para que tú tengas vida, y vida en abundancia. Abandónate en sus manos de Buen Pastor y decláralo tu Salvador personal, único, exclusivo y excluyente y verás la gloria de Dios. ¡Aleluya!".

Jesús me ha rescatado

IV

ADOPTADO POR EL ESPÍRITU SANTO, Y POR LA PALABRA DE DIOS

Como en unos lugares de la iglesia ni siquiera me daban entrada y en otros hasta me corrían, me quedé huérfano en la infancia de la vida nueva. Pero el Espíritu Santo y la Palabra de Dios me adoptaron como su *"alumno especial"* para que yo pudiera conocer quién era el Jesús que me había liberado de mis adicciones.

1. ESPÍRITU SANTO, MI MAESTRO PERSONAL

El Espíritu Santo es el alma de la vida cristiana porque nos lleva a la experiencia que Dios es nuestro papá amoroso y misericordioso, y nos capacita para llamarlo *"abbá-papá"*. Nos inspira para reconocer y proclamar a Jesús como *El Señor* y entregar toda nuestra vida bajo su señorío. Además, nos identifica con los mismos sentimientos, pensamientos y valores de Jesús.

Gracias a él pertenecemos al cuerpo de Cristo; de otra forma sería imposible. Sólo él nos revela la verdad completa y nos da testimonio de Jesús. Es muy diferente tenerlo en una estampita o imagen, que por la revelación del Espíritu Santo. Al mismo tiempo, nos hace conscientes de que somos pecadores y que no podemos salvarnos por nosotros mismos, nos revela que Jesús es el único y suficiente Salvador y nos regala la fe para invocar su nombre y ser salvados.

Además, como él ha inspirado las Sagradas Escrituras nos guía e ilumina para la recta interpretación de las mismas, porque se trata de Jesús-Palabra.

Aparte de esto, nos regala sus carismas que no eran sólo para *"aquellos tiempos"* sino que son poderosas herramientas para testificar con gran poder. Además, nos otorga sus frutos; de manera especial el amor y el gozo para desterrar todas las angustias y temores.

2. PALABRA DE DIOS

Mi contacto con la Palabra de Dios ha sido un proceso donde partí de cero, mejor dicho, desde 'bajo cero'. Es un camino que no termina. Ha sido una gracia de Dios ya que me ha revelado *"la riqueza de la Palabra" (Cf. Col 3,16)*. Por otra parte, el agua que ha regado la semilla de la Palabra es la perseverancia.

A. UN POCO DE HISTORIA

Un sacerdote me aconsejó que festejara mi libertad dándome un regalo a mí mismo. Yo nunca me había regalado nada. Él sugirió que me obsequiara unas flores, un helado, me fuera al cine o paseara por el parque o en el bosque. Lo de las flores no me agradó; el helado tampoco porque soy diabético. Lo del cine, no me sentía a gusto yendo solo y el bosque me quedaba muy lejos.

Mejor decidí ir al centro comercial para buscar mi obsequio. Cuando iba caminando cerca de las revistas, miré una caja negra que decía con letras doradas *"Mi Regalo"*. ¡Qué grande es Dios! Yo iba a comprar algo y Él me ayudó a encontrar el mejor de los presentes: esa caja tenia adentro una Biblia. Así, regresé contento a mi casa porque la Palabra de Dios me presenta y me enseña quién es Jesús y su misión en este mundo, con el ansia de encontrar a Aquél que me visitó en mi noche más oscura.

Ese encuentro me dejó con la sed de la cierva que busca las corrientes de agua viva. Así que devoré los libros de Génesis, Éxodo, Levítico, Números y Deuteronomio, pero ninguno mencionaba siquiera la palabra *"Jesús"*. Algo me decía que Jesús estaba allí, pero como en aquella noche luminosa, yo no lo veía. Le reclamé al sacerdote que ya tenía más de un mes leyendo las Escrituras y que no aparecía Jesús por ningún lado. Él empezó a reír, pero también me enseñó: *"En el Antiguo Testamento no vas a encontrar la vida de Jesús"*. Luego, tuvo la paciencia para explicarme las cosas más fundamentales.

Me mostró que la Biblia se divide en dos partes: Antiguo y Nuevo Testamento; que la palabra *"testamento"* significa *"pacto"* o *"alianza"* que Dios hizo con la humanidad. Dios tomó la iniciativa para comprometerse con los hombres y los hizo sus amigos y colaboradores en el plan de salvación.

El Antiguo Testamento narra lo sucedido desde la creación del mundo hasta la venida del Hijo de Dios, o sea, Jesús. *Los cuatro relatos evangélicos* nos hablan de la vida y ministerio de Jesús; su nacimiento y enseñanzas; su pasión, muerte y resurrección, así como su gloriosa ascensión a los cielos.

Los otros libros muestran cómo corre la Palabra de Dios y es vivida por las comunidades primitivas con sus luces y sombras. Al mostrarme dónde iniciaba el Nuevo Testamento, empecé a leerlo esa misma noche. He aprendido que la Biblia no es un libro cualquiera; es una persona y su nombre es Jesús, porque él es la Palabra de Dios. Por eso, acostumbro llamarlo *Jesús-Palabra*.

B. IDENTIFICARME CON LAS ETAPAS DE LA HISTORIA DE LA SALVACIÓN

Para mí fue maravilloso identificarme con algunos momentos y situaciones de la historia de Israel. De manera especial, considero tres:

a. El éxodo: liberado del 'faraón' de la droga que me esclavizaba

Yo salí de la esclavitud del 'faraón' de la droga que me esclavizaba. Atravesé el mar Rojo y pacté una alianza con mi Dios, de mutua pertenencia. Ahora, hasta me atrevo a llamarlo *"mi Dios, mi Jesús"*, que me ha hecho pasar de la esclavitud para llevarme al reino de su gracia.

b. El destierro y el retorno: de la tristeza al canto

Yo viví por muchos años el destierro del pueblo que no podía cantar junto a los ríos de Babilonia. Pero cuando el Señor me hizo volver a mi tierra, a mi iglesia y a mi familia; he vuelto a entonar alabanzas a mi Dios al ritmo de *rap*, que es mi estilo. Mi vida no es un valle de lágrimas sino un cántico nuevo a mi Dios. Es más, Él es mi canto.

c. La espera del Mesías, que venga a completar la obra de la salvación universal

Ya vino hace dos mil años. También a mi vida y se ha quedado para siempre. Pero estoy ansioso, esperando su regreso triunfal, cuando Dios sea todo en todos y mi Jesús sea la cabeza de la creación, instaurando el reino de justicia, de gozo y de paz en el Espíritu Santo.

Por eso, todos los días repito en la eucaristía: *"anunciamos tu muerte y proclamamos tu resurrección, ven Señor Jesús"*. Pero yo le aumento: *"ven pronto"*.

C. IDENTIFICARME CON PERSONAJES DEL ANTIGUO Y DEL NUEVO TESTAMENTO

También algunos personajes han sido mis espejos:

a. David, el poeta que amaba la música

Compone y canta los Salmos. Así mismo yo proclamo la alegría del Evangelio mediante rolas de alabanza a nuestro Dios que es grande, hermoso y siempre fiel.

b. María

La madre de Jesús entona una alegre alabanza a Dios; no por lo que ella ha hecho por el Altísimo, sino por lo que el Señor ha realizado *en*, y *a través* de ella.

También yo, si algo bueno ha brotado después de mi encuentro con Jesús, ha sido gracias a su misericordia. Por eso, mi alabanza a Aquél que ha hecho maravillas. Santo es su nombre.

c. La samaritana que tenía cinco adicciones, pero ninguna era de ella

Jesús no le obligó a cumplir el sexto mandamiento de la Ley de Moisés, sino que le dio *"agua viva"* para que llenara su corazón y no buscara el amor en cántaros agrietados que un día la tienen, otro la usan y otro día la abandonan (Cf. Jn 4,18-19).

d. La adúltera

Jesús no la apedrea según la Ley de Moisés. Tampoco la acusa. Su perdón la capacita para amar en plenitud y para no volver a pecar (Cf. Jn 8,4-11).

e. Paralítico que fue perdonado incondicionalmente

Jesús lo absuelve sin que ni siquiera hubiera pedido el indulto, ni confesado sus pecados, para mostrar que su perdón es gratuito e incondicional (Cf. Mc 2,1-12). Eso mismo fue lo que yo viví. Me perdonó antes de que yo se lo pidiera.

f. Ladrón de la cruz al que le regaló el Reino

Con éste me identifiqué mucho porque Jesús no le echó en cara sus robos, asesinatos y rebeliones, sino que le prometió que ese mismo día estaría en el paraíso. Jesús es mi paraíso (Cf. Lc 23,42-43).

g. Tomás, el gemelo

Yo soy hermano gemelo del incrédulo, Tomás, que necesita pruebas para creer. Pero no está del todo mal, ya que él no cree por lo que otros cuenten que vivieron. Su fe se fundamenta en su encuentro personal con Jesús resucitado.

Así como Tomás ha tocado las llagas de Jesús, yo también toco todos los días las llagas del Cuerpo Místico de Cristo Jesús, los drogadictos, los alcohólicos y ladrones, a quienes yo llamo *"los invisibles"* porque nadie los quiere ver ni tomar en cuenta, porque piensan que son lacra de la sociedad y que no tienen remedio. Ah, si supieran lo que sucede cuando uno de ellos es rescatado por la misericordia de Dios. Se convierte en testigo que ha visto y oído, que ha tocado y experimentado el amor y el perdón de Jesús.

La Iglesia de hoy en día, tiene más necesidad de estos testigos que de profesores de teología.

Dios me ha regresado con mis hermanos adictos para transformar sus heridas en fuente de salvación y que sirvan de testimonio de que para Dios no hay imposibles.

Tanto el Espíritu Santo como la Palabra me adoptaron como su alumno especial y yo fui discípulo de ambos. Yo los necesitaba a los dos para poder conocer, amar y servir a ese Jesús que me había transportado de las tinieblas al Reino de la luz.

En verdad que *"Dios dispone todas las cosas para el bien de quienes lo aman"* (Rom 8,28), porque al ser expulsado de las comunidades, a Dios no le quedó otra que adoptarme. Si Pablo presume haber sido discípulo del famoso Gamaliel, yo en esto le he ganado. Mis dos maestros a cuyos pies me he sentado han sido el Espíritu Santo y la Palabra de Dios.

Yo quería conocer a Jesús. El Espíritu Santo me lo ha revelado a través de las Sagradas Escrituras que realmente se convirtieron en *"lámpara para mis pasos"*. Por eso, san Pablo pedía para sus comunidades el espíritu de revelación (Cf. Ef 1,17).

Si yo no me hubiera internado en el profundo mar de las Escrituras, yo nunca hubiera conocido a mi Salvador y Señor. El católico que no conoce la Biblia, sólo se queda con una imagen, una pintura o una medalla, pero nunca con la persona, en vivo y a colores, revelada por el Espíritu Santo. De manera personal experimenté el cumplimiento de la profecía de Jeremías cuando promete que en los tiempos mesiánicos:

Ya no tendrán que adoctrinar más
el uno a su prójimo y el otro a su hermano,
diciendo: ¡Conozcan a YHWH!
pues todos ellos me conocerán
del más chico al más grande
cuando perdone su culpa,
y de su pecado no vuelva a acordarme:
Jer 31,34.

Con la debida proporción, me identifico con Pablo de Tarso cuando afirma que a él nadie le enseñó los misterios de la fe sino que todo esto lo aprendió gracias a una directa revelación de Dios (Cf. Gal 1,11-12).

D. SEIS LECCIONES PERSONALES

Voy a compartir aquí las principales lecciones personales que recibí gracias al Espíritu de Dios, confirmadas en la Palabra inspirada:

1ª lección: Nuevo corazón y ley escrita en mi interior

El Espíritu de Dios transformó mi corazón de piedra en un corazón misericordioso y compasivo, delante del sufrimiento de los demás, especialmente con mis camaradas que siguen esclavos de los vicios, de las drogas y el alcohol. Él escribió su ley en mí. Los mandatos divinos dejaron de ser pesadas obligaciones. Eran como una sinfonía interior que me llevaba a sintonizar con el plan divino de forma armoniosa. Dios suscitaba en mí el querer y el obrar según su voluntad (Cf. Flp 2,13).

Para mí se hizo realidad la profecía de Jeremías:

He aquí que días vienen,
en que yo pactaré con la casa de Israel,
una nueva alianza;
pondré mi Ley en su interior
y sobre sus corazones la escribiré,
y yo seré su Dios y ellos serán mi pueblo:
Jer 31,31.33b.

2ª lección: Dios es mi papá que me ha dado a su Hijo cuando yo era todavía pecador

El Dios al que yo le tenía miedo se convirtió en *"Padre de las luces de quién todo el bien procede"* y sólo el bien; que es clemente y compasivo (Cf. Sant 1,17; Ef 2,4-5). Me regaló la prueba de su amor, dándome a su Hijo; el cual no vino a condenarme por mis pecados sino para que sea salvo en su Nombre (Cf. Jn 3,16) cuando yo era todavía pecador. Ahora lo llamo y hasta grito *"Abbá"*, *"papito"* (Cf. Rom 8,15).

3ª lección: Jesús Salvador

Nadie me lo enseñó. Aquél 'aleluyo' me lo anunció pero yo lo viví en carne propia por todos los poros de mi piel. Él ha sido fiel, pues desde hace dieciocho años que me liberó de la droga y el alcohol, no he vuelto a necesitar de esos vicios, porque mi corazón está habitado por Jesús, mi Salvador, que me amó y se entregó por mí (Cf. Gal 2,20). Tiene tres características:

- **Único Salvador**

No hay otro Evangelio, es decir medio de salvación fuera de Jesús. Sólo Jesús salva, cura y libera porque:

No hay bajo el cielo otro nombre
dado a los hombres por el que podamos ser salvados:
Hech 4,12.

- **Exclusivo y excluyente Salvador**

Por experiencia propia llegué a la conclusión, o mejor, el Espíritu Santo me hizo experimentar que su mediación excluye cualquier otra propuesta de salvación, como el cumplimiento de la ley o merecerla por nuestras obras:

La total justificación
que no pudieron obtener por la Ley de Moisés
la obtiene por Jesús, todo el que cree:
Hech 13,38b.39.

Que la ley con sus obras no salvan es el corazón del mensaje paulino. Como frecuentemente predico y testifico, somos salvados por gracia y no por las obras de la ley; esto ha ocasionado que hasta me hayan tachado de protestante y 'aleluyo'.

El Espíritu Santo me ha enseñado con toda claridad que si fuera por las obras, entonces no deberían contar sólo nuestras obras buenas sino también las malas. Por mi parte, confieso que no me conviene. Mejor me atengo solamente a su gracia, sabiendo que Él hace gracia con quien quiere (Cf. Rom 9,18).

Tampoco los brujos, adivinos, ni menos los que representan al príncipe de las tinieblas en este mundo salvan ni curan. Engañan y prometen sanaciones, felicidad y progreso, pero a cambio de convertirnos en sus esclavos, con gruesas cadenas.

- **Suficiente Salvador**

Jesús pagó el precio completo de nuestra deuda que nosotros no podíamos saldar:

Jesús canceló la nota de cargo
que había contra nosotros,
y la suprimió clavándola en la cruz: Col 2,14.

Ya nada debemos. La deuda, con penas y culpas, ha sido totalmente saldada con la sangre de Cristo Jesús. Nada le ha faltado a la pasión de Cristo.

Lo único necesario es que nosotros creamos en él para apropiarnos el don gratuito de la salvación.

4ª lección: Jesús está vivo[1] en cuatro puntos cardinales

No sólo resucitó, sino que está vivo para nunca más morir. Su resurrección no fue como la de Lázaro que falleció de nuevo.

Jesús ha vencido no sólo la muerte; sino también sus causas y consecuencias. Es *"más que vencedor"* (Cf. Rom 8,37) y nosotros con él.

---

1. Recomiendo leer el libro: *"Jesús está vivo"*. Tardif - Prado. REMA. México, 2017 (50ª reimpresión en 27 idiomas).

A mi nadie me lo ha enseñado, yo he experimentado las diferentes formas como Jesús está vivo:

a. Vive en el cielo para interceder por nosotros

Está a la derecha del Padre para interceder por nosotros (Cf. Heb 7,25). Tenemos un poderoso intercesor capaz de compadecerse de nuestras fragilidades (Cf. Heb 4,15), a quien Dios siempre escucha y nunca le niega nada. Ésta es nuestra esperanza.

Por eso, todo lo que pidamos en su nombre, el Padre siempre nos va a escuchar (Cf. Jn 14,13).

b. Vive en mi corazón

Desde el día que tocó mi puerta, escuché su voz y le abrí, habita para siempre en mi corazón sin pagar renta. Ha entrado y no se quiere salir, ni yo lo dejo ir.

c. Vive en los pobres y en los invisibles

Porque lo que a ellos haga o deje de hacer, lo hago al mismo Jesús. Todos formamos el Cuerpo de Cristo. Unos son ojos, otros manos, pero en el caso de mis compañeros 'invisibles' (drogadictos, ladrones, asesinos y alcohólicos), ellos son las llagas de su Cuerpo.

d. Presente en el Santísimo Sacramento

El Espíritu Santo me reveló personalmente que Jesús está presente en realidad en el *Santísimo Sacramento*. El camino fue largo pero valió la pena.

Yo quería estar en todas las actividades que tuvieran que ver con Jesús pues tenía hambre de seguir conociéndolo, así que acepté una invitación para asistir a Glenwood, en Arkansas.

Cuando llegamos a esa comunidad, empezaron con juegos y después compartieron unos temas. El día se terminó con una oración y algunos cantos de meditación. Estábamos todos contentos, cuando alguien interrumpió: *"Cierren los ojos, que ahí viene el Santísimo"*. Yo pregunté: *"¿El Santísimo?, ¿quién es él?"*. Un joven muy devoto que estaba a mi lado me ordenó que fuera respetuoso, que guardara silencio y cerrara mis ojos. Lo hice sólo para no ofender a nadie, pero no podía permanecer tanto tiempo sin saber qué estaba sucediendo o lo que iba a pasar.

El sacerdote iba entrando al salón llevando en sus manos algo como un 'trofeo' dorado, pero sostenido con un trapo blanco. Agaché la cabeza porque pensé que el padre me había visto y me quedé paralizado. Percibí un intenso calor que crecía en la medida que se acercaba a mí. Seguía con los ojos entrecerrados. Sentía tanto calor que eso que traía el sacerdote en las manos ya me estaba quemando. Abrí los ojos y me fui para atrás del salón para que me diera un poco de aire. El padre sólo me miró un instante y siguió caminando entre los jóvenes.

Cuando salimos de ese evento le pregunté a una amiga del grupo qué era eso que el padre tenía en las manos. *"Era el Santísimo"* -respondió-. Yo me quedé igual con su respuesta. *"¿Por qué estaba tan caliente?"* -me atreví a indagar-. Ella comenzó a reírse diciendo: *"¿Cómo va a estar caliente? estás loco"*. Ya no quise preguntar nada, hasta que llegamos de regreso a la iglesia.

Al otro día, fui con el padre de mi parroquia y le hice la misma pregunta pero su respuesta me dejó más confundido. Me aseguró que Cristo estaba vivo en ese pedacito de pan y que el calor que salió de él era su presencia porque quería que yo me diera cuenta de que "él vive". Para mí era imposible creer que en un pedazo de pan estaba el Señor de cielos y tierra.

Me quedé sin palabras, no sabía qué responder. Sólo movía mi cabeza negativamente pues sospeché que me estaba juntando con gente más loca que yo.

A veces pensaba me querían 'lavar el coco' aceptando lo que me decían, pero recordaba que Jesús entró en mi cuarto cuando tenía la puerta cerrada con cerrojo y que su poder se mostró en mi vida. Entonces, por amor a nosotros, ¿no podría también hacerse presente en un pedazo de pan?

El padre me miró y preguntó: "*¿Qué piensas, Serio?* Yo le contesté : "*No sé, padre. Pero si es verdad que Jesús está en ese lugar, me gustaría regresar a Glenwood para sentirlo aunque tenga que viajar tres horas y media*".

"*No necesitas viajar horas para verlo*" -me aseguró-. Y señalando una puerta, continuó: "*Aquí, en ese cuarto pequeño, también lo tenemos*".

Experimenté un escalofrío, pero a la vez una gran alegría. ¡Imagínate! Estar frente a Jesús de nuevo. Empecé a caminar al cuartito y cuando llegué, todo estaba en silencio. Abrí un poco la puerta y me asomé. Sólo había una señora rezando de rodillas. Justo al centro de la pared de enfrente tenían una mesita con otro 'trofeo' que, me aclaró el padre, se llama *"custodia"*. En el centro estaba aquel pedacito de pan que me atraía.

Entré y fui hasta adelante. Ahí estaba un reclinatorio (donde uno se arrodilla) para rezar y me hinqué. Me le quedé mirando y no le quitaba la vista. La señora me miraba raro y con desconfianza, porque veía a un pandillero de rodillas frente a Jesús. No sabía qué hacer, ni cómo hablarle a Jesús. Pensaba hacerle preguntas, pero me sentía muy nervioso, porque su presencia era arrolladora.

Después de unos minutos cuando se normalizaron los latidos de mi corazón, me animé y le confesé: *"Jesús, no sé si es cierto lo que me explicó el padre o es un invento o idea de los católicos. Por eso vine. Tú sabes que aún no sé mucho de ti. Pero eso que me dijo el padre me sobrepasa con mucho. Yo experimenté que estás vivo, pero de allí a que te encuentres encerrado en ese pan tan pequeño, la verdad me parece exagerado. ¿Es cierto o me están engañando? Quisiera creer más en ti, pero no sé qué hacer. El padre me afirmó que tú querías que te sintiera para hacerme saber que estás vivo y que eres real. ¿Podrías tocar mi rostro una vez más para ver si es verdad lo que me comentó el padre?".*

Estuve varios minutos hincado frente a él y no sentía nada. Me le quedé mirando. Esperé un momento más y nada pasaba. Después de otro rato, ya me estaba avergonzando porque la señora que estaba cerca me miraba más a mí que a Jesús. Pensé que a lo mejor tenía desconfianza y no me quería dejar solo para que no me robara algo.

Cerré mis ojos para despedirme y de repente una brisa de calor acarició a mi rostro y se paseaba por mi piel. Me llené de alegría y sonreí diciendo: *"Gracias Jesús, y perdóname por no creer en todo esto".* Percibí que él me miraba con amor y también me sonreía. Yo pienso que Jesús no se molesta cuando alguien no cree en él pues sabe que muchos, como yo, no le conocemos porque nunca antes habíamos leído su Palabra.

El Espíritu Santo me reveló y me mostró que Jesús había decidido quedarse con nosotros todos los días hasta el fin del mundo en un pedazo de pan consagrado. Por mi parte, cuando supe quién era el Santísimo empecé a visitarlo casi a diario. Podía platicar con él y decirle todo lo que yo quería, pensaba y dudaba.

Los jóvenes del grupo no creían que había sentido aquel calor y en especial una de ellas, era la más
agresiva con sus comentarios. Un día la reté a visitar el
Santísimo conmigo para que se diera cuenta de que yo
decía la verdad. Ella aceptó el reto. Entramos al cuartito aquel y nos pusimos de rodillas. Oré en mi mente y
sin hablar le pedí a Jesús que si podía darle una prueba
a ella de que si era real lo que yo decía.

Duramos unos diez minutos. Ella se burló preguntando cuándo se calentaría el cuarto. Le respondí que
esperara. Le pedí al Señor: *"Mira, yo puedo hacer el ridículo, ya estoy acostumbrado. Pero si no haces nada, ¿donde
va a quedar tu gloria?. Yo ya te comprometí. No puedes fa-
llarme"* (Cf. Ex 32,12).

Unos minutos más tarde, empecé a percibir el calor
que salía del Santísimo y tocaba mi rostro. Sonreí y la
tomé a ella de la mano. Al sentir el calor, ella cayó al
suelo. Me quedé sin saber qué hacer y pensé: *"esta sonsa
se desmayó"*. Un rato después abrió los ojos y llorando
me aseguró: *"sí, es verdad, yo lo comprobé"*. Salió y comenzó a proclamar lo que había pasado. Para entonces
y casi sin darme cuenta, estaba yo dando testimonio de
la presencia de Jesús vivo en el Pan Eucarístico. Cuando compartía con otros esta experiencia, ellos también
sintieron de diversas formas la presencia de Jesús.

Yo, por mi parte, le agradezco al Espíritu Santo
porque fue él mismo y no un catecismo, una tradición,
o imposición doctrinal lo que me 'obligó' a creer en
la presencia de Jesús eucarístico. Cuando escucho las
discusiones motivadas por el tema de la Eucaristía, no
creo que se trate de un enfrentamiento entre protestan-
tes contra católicos. Son simplemente dos equipos: los
que lo han experimentado y los que no.

e. Ya no está crucificado: cruz vacía

Contradiciendo muchas representaciones de Jesús crucificado, así como devociones y peregrinaciones con una imagen ensangrentada, Jesús ya no está en la cruz. Estuvo sólo unas tres horas, pero resucitó y abandonó el patíbulo de la muerte para mostrarnos su victoria. Yo llevo cerca de mi corazón una cruz que me regaló mi amigo Pepe Prado. Está vacía. Subrayo que no la cargo en mi espalda. Es un signo del amor total de Jesús por sus amigos.

Al mismo tiempo, es cierto que ya no está en la cruz sino que ha resucitado y está vivo, listo para responder cuando alguien invoque su Nombre que está sobre todo nombre.

Ya puedo acercarme al trono de la gracia sin temor a ser fulminado por su justicia. Nada debemos ya porque él saldó la factura de nuestros pecados que nosotros no podíamos pagar. Ya nada tenemos que añadir nosotros sino sólo *"completar lo que falta a la pasión de Cristo"*. Para cerrar el círculo de la salvación no es que suframos o nos sacrifiquemos suponiendo que la sangre de Jesús no ha sido suficiente sino que nos dejemos amar y salvar por él.

5ª lección: Salvación gratuita

En san Pablo leemos muchas veces que la salvación no depende de nosotros sino que es un don gratuito. No la ganas ni la compras, ni mucho menos la mereces. Es regalo del exagerado amor de Dios.

> *Pues han sido salvados por la gracia mediante la fe;*
> *y esto no viene de ustedes*
> *sino que es un don de Dios;*
> *tampoco viene de las obras, para que nadie se gloríe:*
> *Ef 2,8-9.*

6ª lección: ¿Cómo nos apropiamos del don de la salvación? Por la fe o por las obras

Dios propone el don de la salvación a través del único puente que es su Hijo, nuestro Señor Jesucristo. Pero el hombre puede aceptarlo o rechazarlo.

Para apropiarnos la salvación ganada por la sangre preciosa del Hijo de Dios hay un enchufe: se llama la fe; o mejor, creerle a Dios y aceptar el único medio de salvación que ha propuesto a la humanidad: su Hijo Amado.

Ejemplo de Pedro:

En aquella tormenta nocturna en el mar de Tiberíades, Jesús se aproxima a la barca zarandeada por el viento. Al principio creen que es un fantasma, pero Simón Pedro lo reta: *"Señor, si eres tú, llámame ir a ti sobre las aguas"*. *"Ven"*, le responde Jesús, y Pedro salta de la barca en un intrépido acto de fe. Cuando ve el furor del viento y las borrascosas aguas, comienza a hundirse pero grita: *"Señor, sálvame"*. Pedro sabía nadar. Podía regresar a la barca.

No era la primera tormenta que enfrentaba el pescador de Galilea. Pero el que sabe nadar le dice al que no sabe nadar: *"Señor"*. Primero proclama su señorío. Luego pide auxilio: *"sálvame"*. Esta es la fe: abandonarse para ser salvado por Jesús.

Yo antes creía, como muchos católicos hoy, que había que purificarme para encontrarme con Dios. Se trata de todo lo contrario. Es acercándome a Él como soy salvado y purificado. Hay un momento muy significativo en la Eucaristía, cuando el sacerdote presenta la hostia consagrada, en el que todos afirmamos: *"Señor, yo no soy digno de que vengas a mí..."*.

Declaramos que no somos dignos, sin embargo, nos acercamos a comulgar. Yo, por mi parte, procuro decírselo un poco diferente: *"Señor, yo no soy digno de acercarme a ti, precisamente por eso ven tú a mi corazón en esta comunión"*.

CONCLUSIÓN: El Espíritu Santo

Creo que quienes no me aceptaban en sus grupos y los que me corrieron de sus comunidades me hicieron un gran favor. Gracias a esta orfandad y carencia de comunidad fui adoptado por el Espíritu Santo y por la Palabra de Dios para ser enseñado y discipulado (Cf. Mt 28,20).

El Espíritu Santo suscitó en mí, hambre y sed de leer su Palabra. Gracias a ella, por ella y en ella, me fue revelando lo que el ojo no vio ni el oído oyó, porque Dios lo tiene reservado a quienes Él ama y le amamos (Cf. Jos 1,7).

Todo esto que el Espíritu Santo me ha dado y revelado no es para mi mochila sino para ser testigo; anunciar la muerte y proclamar la resurrección del Señor Jesús. A partir de aquella noche no puedo dejar de testificar a tiempo y a destiempo que Jesús es el único Salvador (Cf. Jn 3,16), y que no hay ningún otro medio de salvación fuera de él, porque él es el único mediador entre Dios y los hombres (Cf. 1Tim 2,5).

V

DISCÍPULO MISIONERO

Cuando yo más sufría el rechazo de los miembros de la Iglesia, aquel sacerdote me profetizó: *"Dios tiene una misión para ti"*; yo no entendí nada en ese momento ni pude vislumbrar el alcance de sus palabras porque no encontraba mi lugar entre mis hermanos en la fe.

Muchas personas aseguran que fueron llamadas para ser santos. No faltan quienes creen que su vocación es resignarse a cargar una pesada cruz de sufrimientos. Por mi parte, estoy seguro que el plan de Dios para mi vida es llegar a ser un alegre discípulo misionero.

A. ALEGRE DISCÍPULO DE JESÚS, PARA SER COMO MI MAESTRO

a. El Señor me llamó desde el seno materno

Dios escoge libremente a sus discípulos. Ellos no lo encuentran a él, al contrario, el Maestro elige a cada uno de ellos por nombre. A Jeremías lo sedujo y lo llamó desde el seno materno (Cf. Jer 20,17); es decir, sin ningún mérito personal. San Pablo es más explícito: *"desde antes de la creación del mundo"* (Cf. Ef 1,4).

Eso significa que existe un designio eterno, que Él comienza y Él termina (Cf. Heb 12,2). Llama a quien quiere (Cf. Mc 3,13), porque hace misericordia al que Él desea (Cf. Rom 9,18). A veces, selecciona lo pobre y despreciable de este mundo, a los 'invisibles' que nadie quiere ver ni tomar en cuenta para que así brille más su gloria. Mi pequeñez engrandece el Nombre del Señor.

Cada uno es un miembro diferente del Cuerpo de Cristo pero todos cuentan con un común denominador, integrado por dos factores:

• Están unidos y motivados por el Espíritu Santo.

• Tienen la alegría de haber encontrado el tesoro escondido.

Si el Espíritu Santo es el alma del discípulo, la alegría es su rostro.

b. El Señor me liberó para ser libre

El 'big bang' que inició mi nueva vida fue la liberación que Dios hizo en mí aquella noche gloriosa. Él me rescató de la esclavitud del vicio: *"Para ser libre me liberó Cristo"* (Cf. Gal 5,1).

Tal vez, a muchos les parezca excesivo el repetir tantas veces que el Señor me ha sacado del infierno de las drogas.

Puedo decir que para mí es el punto de partida de mi nuevo nacimiento. Sin ese núcleo, sería como nuestro sistema planetario sin sol.

Es lo mismo que pasó y le sucede al pueblo de Israel. Existe un suceso que se ha convertido en el centro de toda su vida y al cual se está haciendo continua referencia a lo largo de la historia: se trata de la liberación de la esclavitud de Egipto que continúa en el camino a la tierra prometida y se prolonga cuando se realiza la Alianza del Sinaí, donde ambos se pertenecen con derecho de propiedad.

El éxodo es el acontecimiento de salvación más importante de la historia de Israel, al cual se hace permanente alusión en el tiempo. Los profetas continuamente hablan de él. Hasta el Nuevo Testamento lo recuerda. La fiesta de *Pascua* o *Pesaj* lo conmemora en el presente.

No se trata de una doctrina ni de unas leyes, sino de una experiencia de liberación del pueblo de Israel.

Quien ha vivido algo semejante, continuamente está haciendo alusión a ese momento y lugar porque se ha tatuado en su vida y se prolonga en la historia.

Eso es lo mismo que a mí me ha sucedido: mi experiencia más poderosa del amor de Dios es cuando Él me rescató de mis adicciones.

Aquél que no ha vivido algo semejante, se va a apoyar en una doctrina o una tradición que ha heredado de las generaciones pasadas pero que él mismo no es capaz de testificar. Entonces, su vida y hasta su ministerio no se basa en un hecho salvífico sino en su título académico, un artículo del credo o una devoción.

c. Dios ama actuar en las noches o iluminar las tinieblas y oscuridades

Cuando todo era caótico y vacío, y las tinieblas cubrían la superficie del abismo, Dios intervino y apareció la luz que es el principio de la vida (Cf. Gen 1,3-4).

Después de cuatrocientos treinta años de esclavitud, una noche, Dios visita a su pueblo para liberarlo del opresor y emprender la ruta a la tierra de la libertad (Cf. Ex 12,8; 14,21).

La barca de Pedro era zarandeada por los embates de las furiosas olas. En la penumbra aparece Jesús dominando la traicionera tempestad (Cf. Mc 6,48).

Cuando se le cierran los caminos, Dios le revela a Pablo su plan y su misión durante la noche (Cf. Hech 16,9). En la oscuridad de los calabozos de la prisión se manifiesta el poder de Dios para liberar a los discípulos (Cf. Hech 12,7; 16,26).

De noche, Jesús le revela a Nicodemo que debe nacer de nuevo para ver el Reino de Dios (Cf. Jn 3,1-7).

A mí también, aquella noche en que en el abismo de mi horizonte acrecentaba el fantasma de la muerte, Dios vino con su luz, que tiene un perfil y un nombre, *Jesús*, para iniciar una nueva creación. Llegada mi plenitud de los tiempos, Dios envió a su Hijo a mi cuarto para acompañarme y ser testigo de un abrazo divino.

Todavía hoy siento el calor y el cariño de aquellas manos que me arroparon como nunca nadie lo había hecho. Yo considero que esa liberación fue pura clemencia de Dios porque yo había intentado escaparme de la prisión de las adicciones pero me era imposible. Es más, eran como arenas movedizas que cuando intentaba dejarlas, me hundía más en la depresión, y el miedo me calaba hasta lo más profundo de mis huesos.

Todo ha sido gracia de mi Señor. Yo no me acerqué a Dios ni a Jesús, pues ni los conocía. Yo fui visitado como Zaqueo, el peor pecador de Jericó, en mi propia casa, cuando yo era un terrible pecador.

Gracias a él, ya no necesito la droga ni requiero del alcohol para socializar con alguien. Cristo me basta. Mi vida está completa y plena. Él me da lo que nadie en este mundo: la libertad para que no viva esclavo de los malditos vicios. Con Cristo soy libre y *"con él soy más que vencedor"* (Cf. Rom 8,37).

d. El Señor me sana la espalda para dar testimonio

Fue tan grande mi dolor de espalda que busqué 'sanadores', 'brujos', 'curanderos' y hasta en el esoterismo. Todos ellos engañan y cobran muy cara la factura. Yo tenía que aprender una nueva lección: *sólo Jesús salva, sana y libera.* No hay otro Nombre para ser salvado.

Una vez nos invitaron a una conferencia católica en Dallas, Texas. Fuimos varios del grupo de jóvenes. Yo iba muy contento, esperando que Jesús me sanara dos discos de la columna vertebral que se me estrellaron en un accidente de trabajo.

Había más de mil personas reunidas para alabar el nombre del Señor. Las prédicas y testimonios alimentaban más mi fe y me daban esperanza de que Jesús podía curarme. Ya casi al final del evento le tocó la oportunidad a un sacerdote que tenía el don de sanación.

Cuando inició la procesión con el Santísimo empezamos a entonar una canción de alabanza proclamando: *"¡Él vive! ¡él vive!".* El poder del Espíritu Santo se sentía allí y el coro hacía vibrar aquel salón.

En ese momento yo me imaginaba en el vestíbulo de la sala de operaciones con la certeza de la cirugía que el Médico de médicos había programado.

Cuando el padre venía por el pasillo donde yo estaba, me arrodillé. Con toda mi fe, le pedí a Jesús: *"Señor, éste es tu momento. Hazme 'el paro'. Sáname la espalda. Tú eres el único que puede hacerlo. Tengo trece años sufriendo todos los días y ahora sé que tú me vas a sanar"*.

El sacerdote pasó a un lado de mí pero no se detuvo. Sentí regacho porque pensé que fui otra vez 'invisible'; pero ahora era ignorado por Jesús, que me sedujo. Pasaba indiferente a mi dolor. Comencé a llorar porque no sentí nada, ni calor, ni sanación, ni siquiera su mirada. ¡Qué feo es cuando alguien pasa por tu vereda y ni te ve o te ignora porque no cuentas para él!

Abrí mis ojos, volteé para atrás y miré cómo Jesús desaparecía entre la gente. Me invadió la soledad. Sequé mis lágrimas, me puse de pie y me encaminé decepcionado hacia la puerta de salida. Mis compañeros me preguntaron a dónde iba. Les contesté que a la calle.

Cuando salí de aquel lugar estaba con mucha tristeza oyendo los aplausos y las alabanzas de la gente que había sido curada. Me identifiqué con la rabia que sintió el hijo mayor de la parábola, cuando regresó de cumplir su deber de trabajar y escuchaba los bailes y cantos preferidos de su hermano menor que había gastado la herencia con prostitutas.

Ya no quería saber nada de la conferencia. Me senté en la banqueta. Postrado, empecé a insultar a Jesús ya que no me había sanado:

"¡Qué gacho eres! Nunca he faltado a Misa, siempre voy a visitarte a la capilla, rezo todos los días y cumplo siempre tu voluntad. ¿Qué te costaba darme el 'cabrito' de la sanación? Sólo bastaba que tocaras mi espalda con tu calor. Yo estaba seguro de que me sanarías, ¿por qué me fallaste? Ya no quiero

saber nada de tu mugrosa iglesia. ¡Quédate con todo! ¿Yo no cuento contigo? pues tú tampoco conmigo. No me interesas tú porque no eres parejo". Todo eso le reproché pero él seguía en silencio, sin responder nada. Él sabía que yo estaba muy decepcionado pero también, que yo reaccionaba así porque no había hecho mi voluntad. Por eso, era inútil contestarme.

e. Sandy Caldera

Unos minutos después, vi a una joven que venía con otra persona mayor avanzando rápido como si se les estuviera haciendo tarde para llegar a una cita. Esa muchacha se sostenía del brazo de su madre pues se le dificultaba caminar, pero aun así se le notaba en su rostro que llevaba la lámpara encendida para entrar a la fiesta.

Un hombre que estaba cerca le comentó a otra persona: *"¡Mira, ya llegó Sandy Caldera!"*.

- *¿Esa es Sandy Caldera?* -pregunté asombrado-.

- *Sí, ella es* -me contestó-.

Yo había escuchado una canción de alabanza suya; me gustaba mucho su voz y su forma de cantar pero nunca me informaron que fuera ciega. Me puse de pie y comencé a caminar detrás de ellas. Entré al auditorio de nuevo, pasé por enfrente de mis compañeros y me fui a sentar en una silla de primera fila, entre los importantes de la conferencia. Pero le aclaré a Jesús: *"No creas que regresé por ti. Sólo vine a escuchar a Sandy Caldera"*.

Tomando el micrófono, Sandy pregunta con voz fuerte: *"¿Quién vino a alabar el Nombre de Jesús?"*. Toda la gente contestaba: *"¡Nosotros!"*. Yo repliqué: *"Ustedes, porque yo no"*. Después ordena: *"Todos los que tengan manos aplaudan y todos los que tengan pies, que suene el zapateado. Los que ven la creación de Dios alaben al Se-*

ñor, porque hay muchos como yo que aun sin ver seguimos alabando el Nombre de Jesús, mientras hay otros que por un simple dolor de espalda ya se están quejando y no quieren alabar a Dios".

Apreté mis dientes y me quedé callado con esa 'pedrada' que me aventó directamente a mí. Me enojé porque me agarró descuidado y reclamé: "*¿Esta vieja vino a cantar o a insultarme?*".

Mi dolor de espalda aumentó tanto que caí de rodillas y le advertí a Jesús: "*Si no me sanas, tampoco me friegues más*". El canto de Sandy fue un bálsamo que abrazó mi corazón.

Fueron cayendo barreras y muros. Comencé a llorar. Le pedí perdón a Jesús por lo *hocicón* que fui. No tenía derecho de hablarle así a Aquél que entró en mi cuarto para liberarme de mis adicciones. Pero le agradezco que me haya puesto en mi lugar a través de Sandy, porque sólo él conoce lo que hay en el corazón de las personas.

Luego, me doblegué y le pedí a Jesús que ya no me sanara de mi espalda pero que nunca permitiera que me apartara de él. Me di cuenta de que los milagros ocurren cuando él quiere, no cuando uno se lo pide. No se merecen, tampoco se compran. Son un regalo.

El Señor no me llevó allí para sanarme sino para enseñarme. No fui sanado pero si fui discipulado por mi Maestro y Señor.

Terminé rindiéndome ante su plan que es mejor que el mío. Sin embargo, revoloteaba en mi mente una promesa suya: "*Pon las delicias en el Señor y él te concederá los anhelos de tu corazón*" (Cf. Sal 37,4).

f. Robert de Grandis

Otro día nos llegó una nueva invitación a una conferencia donde venía el sacerdote Robert de Grandis, al cual le precedía una fama de tener el carisma de sanación. Los jóvenes querían que yo les acompañara. Me acordé del ridículo que hice la vez anterior y no deseaba repetirlo. Siguieron insistiendo y les aclaré que iría pero que me sentaría al fondo del auditorio. No quería estar tan cerca de Jesús para no correr riesgos.

Se llegó el día y nos fuimos al evento. Yo me senté hasta atrás como protesta. El sacerdote aseguró que Jesús está vivo, nos ama y tiene poder para sanar enfermos. Mucha gente llevó a las personas enfermas cerca del altar. Los del grupo de jóvenes voltearon al fondo y me miraban haciéndome señas con las manos para que me acercara. Con ademanes les aclaré que no lo haría.

Uno de ellos vino hasta mí y me pidió que pasara al frente pero le respondí: *"ahorita estoy bien con Jesús y no lo quiero molestar"* -respondí sonriendo-. Y a modo de excusa añadí: *"además, hay otros que están peor que yo"*. Creo que en el fondo era miedo a ser decepcionado.

El sacerdote nombró a una persona que tenía casi treinta años sin caminar y le pidió que se identificara. Era un hombre que se apoyaba en una andadera de metal para dar cada paso. El padre le preguntó: *"¿Crees que Jesús te puede sanar?"*. Ese hombre contestó que sí, y él le ordenó: *"¡En el Nombre de Jesús, camina!"*. Empezó a caminar poco a poco. Había una mujer que nació con sus pies doblados hacia adentro, Jesús también la sanó. Enseguida a un niño ciego. Todo en el Nombre de Jesús.

Cuando casi terminaba la conferencia, el padre anunció: *"Aquí hay un joven que está enfermo de la espalda y hoy Jesús lo va a sanar"*.

Mis compañeros me gritaban: "*¡Ponte de pie, Serio!*" Yo les contesté que los de enfrente estaban más fregados y necesitaban más que yo. El padre preguntó con insistencia: "*¿Dónde está el joven que está enfermo de la espalda? Hoy Jesús lo va a sanar. ¡Joven ponte de pie!*".

Los del grupo se me quedaban mirando y les repetí: "*No creo que sea yo, porque hoy ni siquiera le pedí nada a Jesús*". Además, ya me había resignado a cargar mi cruz. Lo que no sabía, es que Jesús ya se había cansado de verme sufrir.

El sacerdote bajó del altar y caminó hasta el final del salón donde yo estaba. Mirándome, afirmó: "*Joven, eres tú, ponte de pie*". Me levanté. Estaba muy nervioso. Me preguntó: "*¿Crees que Jesús puede sanarte?*" Le contesté con la poca fe que tenía: "*No sé*".

Con voz más firme repuso: "*¡Pues créelo, porque cuando Jesús decide que va a sanar, él sana. En el Nombre de Jesús, recibe la sanación!*".

En ese momento, me inundó un calor que cubría toda mi espalda. Era el mismo que salió aquel día del pedacito de pan y que tocó mi rostro frente al Santísimo Sacramento. La mano sanadora de Jesús curaba mi espalda para la gloria de su Padre. A partir de ese instante se acabó el dolor y el sufrimiento. El Buen Pastor había sanado a su oveja enferma.

Pero, en lugar de resolver mis dudas me planteó nuevas preguntas: ¿Por qué no me sanó cuando se lo pedí? ¿Tuve que enojarme con él para que me hiciera caso? Pues, si eso le gusta, me voy a seguir enojando. Además, me curó, cuando tenía menos fe. ¿Será que todo es obra de su amor y que ni siquiera depende de nuestra poca fe?

No era mi confianza la que brillaba sino su amor y su misericordia. Jesús me ama. Él es mi único Salvador que cura la enfermedad y que me rescata del pecado. Él me ha librado de la muerte en vida y me salvará de la muerte eterna porque me resucitará con él cuando yo muera.

Mi conclusión fue evidente: el Señor nos restaura porque nos ama. Incluso, cuando no tenemos fe, se manifiesta más grande su amor misericordioso y su libertad que no depende de nada ni de nadie, tampoco de nuestra oración, menos de nuestros méritos. Sólo de su amor.

Un día le preguntaron al padre Emiliano Tardif ¿por qué Dios nos cura? El respondió con sabiduría: *"Nos sana porque estamos enfermos, y porque un Padre no se deleita viendo sufrir a sus hijos. Pero lo importante es descubrir para qué nos sana: para que seamos testigos de que él está vivo"*.

Hoy sé que hay una persona que me ama y que *"nada me podrá separar de su amor en serio"*. Él sabía todo lo que sufría mi corazón y mi espalda. Creo que ese día él no curó una enfermedad sino a un enfermo. Poco a poco fui comprendiendo el propósito de Dios. Al sanar mi espalda, lo hacía también con mi pasado lleno de heridas y sufrimientos.

No me curó para que no sufriera. Eso era demasiado poco. Me sanó para ser testigo de su amor y que Él actúa cuándo y cómo quiere, sin depender de nosotros porque él conoce lo que nuestro corazón anhela y nos escucha desde antes de que le hablemos.

Mi vida se parece a Bartimeo que estaba postrado en el camino. Un día, Jesús pasó y lo llamó.

El enfermo dejó el manto de sus adicciones y se fue derecho a Jesús. Allí proclamó con su boca lo que creía en su corazón: que Jesús era su único y exclusivo Maestro. Profesó su amor y *"siguió al Buen Pastor por el camino"* (Cf. Mc 10,52). Es decir, se convirtió en un verdadero discípulo.

B. MISIONERO DEL ESPÍRITU SANTO: SER MISERICORDIOSO

a. El Señor me envió con una misión

Cuando el Señor cura, siempre tiene un propósito, como lo vemos en los siguientes ejemplos:

- **Dar gloria a Dios:** Los que presenciaron la curación de ese paralítico que había sido llevado a Jesús por cuatro amigos, se maravillaron y dieron la gloria a Dios (Cf. Mc 2,12).

- **Testificar y publicar:** María Magdalena testifica que ha encontrado, visto y abrazado a Jesús; y él la ha enviado a comunicar la Buena Noticia de su resurrección (Cf. Jn 20,14-18).

- **Alabar a Dios:** El paralítico de la Puerta Hermosa, una vez sanado, entra al templo con Pedro y Juan, alabando a Dios por el milagro recibido (Cf. Hech 3,8).

- **Servir a Jesús:** La suegra de Pedro, liberada de la fiebre, sirve a Jesús y a los demás (Cf. Mc 1,31).

Él nos ama de la misma forma que su Padre le ama a él: *"sin ninguna condición"*. A nosotros, los que estamos conociendo a Cristo, sólo nos toca permanecer en él como las ramas están insertadas en el tronco para dar mucho fruto y fruto que permanezca. Cuando somos liberados de las ataduras de Satanás, como la droga o el alcohol que son las más comunes hoy día, es para que proclamemos su nombre a tiempo y a destiempo.

No se necesita una llamada por teléfono para estar seguros de que hemos sido enviados. Quien ha experimentado el amor y el poder de Dios, automáticamente comienza a proclamar. Pero al mismo tiempo, me atrevo a recomendar que quien no ha vivido una acción poderosa de Dios, un encuentro personal vivo y palpitante con Jesús y con el Espíritu Santo, mejor que no anuncie el Evangelio, porque sólo haría propaganda o transmitirá una doctrina desencarnada.

Ahora bien, lo que hay que pedirle a Dios es que nos indique cuál es el campo en el cual vamos a cumplir nuestra misión. Existen cuatro puntos cardinales que hay que tener en cuenta para ubicarnos en la misión que Dios nos confía:

1°. En la línea de nuestras heridas y sufrimientos

Lo más común, afirmaba el padre Emiliano Tardif, quien ha sido uno de los carismáticos más grandes del siglo pasado, es que nuestra misión se ubique en el área de nuestras heridas. Aplicándolo a mí caso, estaría en la prisión de los que sufren cualquier tipo de adicciones. Estaba llamado a regresar a la cárcel del dolor de mis hermanos pero ahora llevando la luz de Cristo que hace nuevas todas las cosas.

Ellos, como lo hizo la gente de Macedonia con Pablo (Cf. Hech 16,9), me estaban gritando para que regresara y les anunciara la Buena Noticia del amor y el perdón de Dios; para que experimentaran que son los preferidos de Jesús porque él no vino a los justos sino a los pecadores.

2°. Con amor compasivo y misericordioso

La segunda característica necesaria para trabajar en ese campo es de sentir amor misericordioso por cada uno de ellos porque yo también estuve envuelto en sus mismos vicios y falta de sentido de la vida.

Yo sufrí la frustración de la esclavitud con la incapacidad de romper mis cadenas.

3º. Con la alegría del Evangelio

El testimonio ha de ser gozoso. De otra forma nadie nos va a creer. Mi felicidad se manifestaba de manera especial a través de la música y el ritmo *rap* que toca corazones, cuerpos y almas.

4º. En equipo de amigos

Pero no lo podemos realizar solos. Lo primero que hizo Jesús fue llamar a sus discípulos para que estuvieran con él; así también nosotros hemos de contar con un grupo de amigos fieles para hacer equipo de trabajo, o mejor, una familia (Cf. 1Pe 3,17).

Así pues, yo ya estaba listo. Sólo faltaba emprender la marcha. No basta con leer un letrero con una flecha que diga "Roma: 500 Kilómetros". Hay que encaminar los pasos en esa dirección. El anuncio no se mueve y nunca llegará a Roma. Somos los caminantes los que hacemos el camino.

b. Mi nueva pandilla

Yo hice un trato con Jesús. Le prometí que si me sanaba la espalda dedicaría mi vida a él. Ciertamente no lo hago por obligación sino por necesidad.

Por eso, repito la frase de san Pablo: *"¡Ay de mí si no evangelizara!"* (1Cor 9,16b). Pero me gusta más lo que dice el Cardenal La Croix *"¡Qué feliz soy cuando evangelizo!"*.

En el año 2002, después de andar con el grupo de jóvenes de un lado para otro, me di cuenta de que todavía no estaba cumpliendo el plan de Dios que nos define san Juan:

La gloria de mi Padre está en que den mucho fruto,
y sean mis discípulos.
Y los he destinado para que vayan y den fruto,
y que su fruto permanezca: Jn 15,8.16.

Un día, nos invitaron a un retiro-concierto llamado *"Despertar"*. Fuimos todos los del grupo. Allí predicaba un ex-pandillero, fundador de un movimiento denominado *"Prevención y Rescate"*. Me llamó la atención su forma de dirigirse a los jóvenes y me empecé a identificar en lo que decía y cómo lo hacía. Le pedí que me diera 'chanza' de cantar una canción después de su predicación y me dio esa oportunidad.

Al terminar el retiro, platicamos y me comentó que tenía el deseo de empezar un grupo en Arkansas. Le expresé que yo quería ser parte de él y afirmó que para eso tenía que vivir antes un encuentro para hombres que se llevaba a cabo en San Bernardino, California.

Cuando regresó a Los Ángeles, me llamó por teléfono y me invitó a ese evento. Yo tenía muchas ganas de conocer algo diferente y me lancé hasta California a vivir una experiencia bien chida. En ese lugar había puro drogadicto, pandillero, alcohólico y gente violenta. Me sentí como en casa.

Fue una alegría bien grande porque vi a muchos como yo que buscaban una solución a los problemas de su vida. La organización recaía en gente de *"Prevención y Rescate"* y otro movimiento de México llamado *"Barrios Unidos en Cristo"*. Conocí al pandillero que ahora era el director de este grupo. Estaba descubriendo que Dios no sólo perdona a los pecadores sino que le gusta trabajar con ellos y a través de ellos porque éstos no predican teorías sino que son testigos de su amor y su poder.

Además, este grupo de 'invisibles' transparenta mejor la acción salvífica de Jesús.

Saliendo del retiro regresé a Arkansas, motivado para empezar *"Prevención y Rescate"* en mi parroquia. Cuando llegué, les platiqué a los jóvenes que había confirmado lo de que Jesús me enseñó en su Palabra: *"Dios ama a los pandilleros y enaltece a la gente humilde".* Ellos no entendían de qué les hablaba y se las puse más fácil: *"Como Abraham, yo dejo este grupo que es mi familia porque Dios me llama para algo diferente".*

Un día después, fui a visitar al párroco de la iglesia y le comenté que me iba a salir del grupo de jóvenes para iniciar algo nuevo. Me preguntó: *"¿Por qué dices que es 'algo diferente'?".* Le contesté que en lugar de esperar a que la gente viniera a la Iglesia, iba a iniciar un grupo que saliera a las calles a buscar a los marginados, adictos a las drogas, alcohólicos, pandilleros, indigentes y todos los que la sociedad descarta y que tampoco tienen cabida entre la 'gente buena' de la Iglesia. En una palabra, 'los invisibles', porque muchos no quieren verlos. El párroco me preguntó que quién me iba ayudar. Le contesté que sólo Jesús pero que con él bastaba porque tiene todo poder en los cielos y en la tierra.

c. Nace "Prevención y Rescate"

El ocho de enero del 2003 empecé *"Prevención y Rescate"* en la iglesia de San Vicente de Paúl, en Rogers, Arkansas. Los jóvenes me decían que nadie me iba a seguir pues yo no sabía nada. Pero eso me daba más valor porque Dios busca a los ignorantes para enseñar y hasta confundir a los sabios de este mundo.

Aprendí que los caminos de Dios no son nuestros caminos, ni su estrategia es la nuestra. Por eso, cuando quiere hacer algo nuevo con gente muy capaz, primero le tiene que romper sus esquemas para comenzar desde abajo porque en su mente y corazón ya no queda espacio libre para un nuevo plan. El vino nuevo precisa de odres nuevos.

En mi caso, al no tener muchos conocimientos era más fácil porque podía comenzar de inmediato. También descubrí que Dios no escoge a los capacitados pero sí capacita a los elegidos.

Sin embargo, en este campo pastoral, la preparación se realiza en la 'universidad de la calle, en medio de las ovejas. El pastor se 'gradúa' cuando tiene *"olor a oveja"* (Papa Francisco).

Mi amigo, el padre Miles, me sugirió que siguiera el plan pastoral de *"Prevención y Rescate"* para calibrar sus objetivos. Pero la realidad de California era muy diferente a la de Arkansas. Había que ajustarlo, lo cual me trajo muchos desafíos.

d. Nace "Fuerza Transformadora"

Al notar la dificultad de seguir el modelo de *"Prevención y Rescate"* de California, consulté con otro amigo sacerdote y le comenté lo que estaba sucediendo. Él me contestó que la Iglesia busca evangelizadores creativos, con nuevos métodos y nuevas rutas. Que con Cristo y su Espíritu Santo, echáramos la red al otro lado. Así lo hice.

Decidimos quedarnos con gente fiel y seguimos nuestra misión adaptada a la realidad de Arkansas. Le cambié el nombre por el de *"Fuerza Transformadora"*.

Fuerza: Surge de la exaltación de Cristo Jesús. El Evangelio es fuerza de Dios para la salvación de los que creemos en él.

No me avergüenzo del Evangelio,
es fuerza de Dios para la salvación de todo el que cree:
Rom 1,16.

Esta fuerza tan extraordinaria viene de Dios y no de nuestro ser:

Llevamos este tesoro en recipientes de barro
para que aparezca que fuerza tan extraordinaria
es de Dios y no de nosotros:
2Cor 4,7.

Transformadora: No nos referimos a un cambio de fachada para hacer cosas buenas o aparentar ser mejores. Hablamos del proceso de la transformación completa de nuestra persona, de nuestra vida y de nuestra sociedad; abarca hasta la dimensión ecológica. En otras palabras, colaborar para instaurar el cielo nuevo y la tierra nueva:

No se acomoden al mundo presente.
Antes bien, transfórmense
mediante la renovación de su mente,
de forma que puedan distinguir
cuál es la voluntad de Dios:
lo bueno, lo agradable, lo perfecto:
Rom 12,2.

Todos nosotros, con el rostro descubierto
reflejamos como en un espejo la gloria del Señor,
y nos vamos transformando en esa misma imagen
cada vez más gloriosos: 2Cor 3,18a.

La clave es dejarnos transformar por el Espíritu, para reflejar la imagen de Cristo en todo lo que somos y hacemos: Pensar, sentir, vivir y morir como Jesús.

Cuando iniciamos a trabajar ya con la identidad de *'Fuerza Transformadora'* yo debía encontrar un nuevo programa de formación para alimentar a la gente del movimiento.

Un día compré el libro "*Cómo evangelizar a los bautizados*" [2]. Lo leí completo porque mostraba el plan universal de salvación y cómo colaborar para instaurar el Reino de Dios, que es un Reino de justicia, de gozo y de paz en el Espíritu Santo. Me emocioné tanto que quise conocer al autor para darle las gracias por lo que me había enseñado. Un amigo de Guadalajara me platicó que lo conocía, que si algún día yo iba por esos rumbos él me lo presentaría.

Al mes siguiente fui a esa ciudad mexicana y me llevó con él. Su nombre es José Prado Flores, más conocido como "*Pepe Prado*". Bien buena onda este hombre de Dios. Empezamos a tener una relación bien chida. Me mostró todos los libros que ha escrito y me habló de la Escuela de Evangelización San Andrés que forma nuevos evangelizadores, alegres y creativos para la Nueva Evangelización. Allí encontré el Programa de Formación con una buena metodología que era justo lo que estaba buscando para Arkansas. De regreso a casa se los presenté a los demás servidores y todos se alegraron conmigo.

e. Nuevos problemas

Pero nunca faltan `pájaros carpinteros` que hacen agujeros en el arca de Noé. Sufrimos persecución por un lado e indiferencia de la autoridad de la Iglesia por el otro. No sé cuál duele más. Por lo menos, la primera nos fortifica. La segunda, lesiona nuestro sistema inmunológico. "*Fuerza Transformadora*" nunca ha sido bien vista por los otros movimientos. Lo único que conseguíamos de ellos eran puras críticas pues nos etiquetaban como drogadictos, prostitutas, alcohólicos, majaderos y nos ´profetizaban` que nada lograríamos en Arkansas.

---

2   "*Cómo evangelizar a los bautizados*". Prado Flores, José H. Editorial REMA. México, 2013.

Eso me hizo dudar y preguntarme: *"¿No estoy loco con estos planes? ¿De verdad Dios me está llamando por este camino o soy un iluso que busca ser reconocido?"*. Parecía que se ponían de acuerdo para desanimarnos, como en el relato bíblico de los samaritanos que se burlaban e ironizaban cuando los judíos reconstruían la muralla de la ciudad de Jerusalén (Cf. Neh 3,33-34).

Afortunadamente, lo único que lograron es que confiáramos más en Dios y menos en los sabios y poderosos de este mundo.

El Programa de Formación de las Escuelas de Evangelización San Andrés, fundadas por Pepe Prado, comprende dos aspectos: formar a la persona para que sea nueva criatura con la mentalidad del Evangelio de Cristo Jesús y capacitarla para el ministerio con la siguiente estrategia: *a servir se aprende sirviendo*. ¿Quién iba a pensar que este cholo iba a servir a la Iglesia? Pero como dice la Biblia: *"todo lo que es imposible para el hombre, para Dios es posible"* (Cf. Lc 1,37).

Conocer a Cristo también tiene sus consecuencias. Mi familia empezó a criticarme y a juzgarme. Como yo había perjudicado a tanta gente, supusieron que ahora estaba jugando con Dios. La negra sombra de mi pasado hacía difícil que creyeran en mi cambio pues antes siempre les mentía y me aprovechaba de ellos.

Yo quería quedar bien para no tener problemas, pero las dificultades se extendieron por estar en la iglesia. Me di cuenta lo complicado que es que entiendan la conversión quienes no han tenido un encuentro con Cristo. Cuando hacía maldades me presionaban para que cambiara mi forma de vivir. Pero ahora que estaba naciendo de nuevo empezaron a atacarme, burlándose de mí. Vaticinaban que en algunos meses volvería a lo mismo de antes porque ellos nunca habían experimentado el poder del Espíritu Santo. Jamás les escuché ofrecerme ayuda. Parecía que se habían unido a mis enemigos para destruir mi vida de cristiano. Me estaba quedando solo. Únicamente una amiga, la Palabra de Dios, me impulsaba a no retroceder en el camino que ya había avanzado con el Señor:

> *Todo lo que te sobreviene, acéptalo.*
> *En los reveses de tu humillación sé paciente:*
> *Eclo 2,4.*

Pero cuando se trata de la propia familia, uno se desalienta más porque sabes que las personas que te aman no te apoyan en tu misión. Todo eso me desanimaba y había días en los que quería regresar a las drogas y a la pandilla para que me dejaran en paz.

Cada vez que me sentía flaquear, volteaba al cielo y cuestionaba: *"Señor, ¿acaso debo aguantar esto?"*. Entonces me di cuenta de que seguir a Jesús no es todo 'color de rosa'. El Espíritu Santo traía a mi mente frases de la Escritura que me daban más fuerzas para no desfallecer, como cuando entre lágrimas recordaba aquellas palabras: *"Yo estoy contigo, Serio, todos los días, hasta el fin del mundo; en serio"* (Cf. Mt 28,20). Gracias, Jesús que no me dejas solo porque tú eres fiel a lo que prometes y terminas lo que en mí has comenzado.

Había que hacer algo para aumentar mi fe pero no sabía qué. Algunas personas de la iglesia tenían sus reuniones para aprender más de Dios. Pero como yo no era bien visto por ellos mejor decidí no molestarlos y seguí en mi ignorancia.

Alguna vez le pregunté al asesor: *"Tú, que sabes más que todos, ¿por qué no haces unos crecimientos en la fe que estén basados con la enseñanza de la Biblia?"*.

Así, comenzamos a reunirnos en su casa todos los miércoles por las tardes y aprendimos mucho pero el diablo empezó a meter su cola. En las reuniones, algunos llegaban con alimentos para socializar. Yo les sugerí que no era bueno que lleváramos comida a la formación y hacer a un lado el mejor alimento que es la Palabra de Dios. Al final, terminaron reuniéndose sólo para ver películas.

Si las personas que conocen a Dios y su Palabra comenzaran a compartir sus talentos con los demás, la historia de nuestra Iglesia sería otra. Pero como muchos, incluso sacerdotes y ministros, nunca han tenido un encuentro personal con Jesús resucitado, es por lo que seguimos sufriendo la anemia del Espíritu. ¡Qué mala onda!

C. MI TALENTO AL SERVICIO DE CRISTO

Sentía que cada vez, Dios me regalaba más bendiciones y que estaba más en deuda con él, a pesar que Él nada me cobraba. Sólo me motivaba. Yo no tenía nada que ofrecer. Además, ¿qué le podía regalar si todo es suyo? Años atrás compuse canciones donde cantaba puras tonterías. Contaba con el talento musical sólo que le daba mal uso. Las canciones que yo escribí eran solo para hablar de drogas, de la pandilla y devaluando a las mujeres.

Después de mi encuentro con Cristo, todo se transformó y ahora mi alma alaba al Señor porque ha hecho maravillas en mi vida. ¡Santo es su Nombre!

Compuse una canción que se llama *"El camino del bien"*. Esta fue mi primera rola, se hizo tan popular que a cada rato la compartía. Una vez que fui a Canadá, la canté ante casi mil personas. En Guadalajara, frente a tres mil. Después escribí otra que se llama *"Jesús en el barrio"* en la que presento un Jesús que dio su vida por todos, incluyendo a los pandilleros. Saqué mi primera producción en California con el nombre *"Jesús en el barrio"*. A través del CD, muchos jóvenes han encontrado a Jesús como su Salvador y Señor. Este fue el primer CD que dediqué a Cristo.

Grabé el segundo CD y lo titulé *"Soy de la calle"*, porque sigo siendo criticado por mi forma de vestir y de hablar. Mi respuesta siempre es la misma: *"Para agradar, sólo a Dios"*. Por eso les digo que soy de la calle y he sido catalogado como "callejero". Ya no me afecta que me critiquen por eso y espero algún día llegar a gloriarme de mis debilidades para que en mí habite la fuerza de Dios.

El tercer CD lo grabé con el nombre de *"En favor de la vida"*, dedicado a los no nacidos y a todo indefenso que no puede evitar ser atacado por las personas que los quieren ver muertos.

Yo nunca me imaginé que iba a ser invitado a diferentes lugares a dar testimonio de cómo Jesús cambió mi vida y me liberó. He visitado 34 estados en USA llevando la Palabra de Dios.

Aquél que antes se arrastraba por el suelo, se levantaba y la gente lo comenzaba a ver diferente.

D. CAÍ EN OTRA DROGA: LA FAMA

Muchos me preguntan ¿por qué si tengo talento de escribir canciones no grabo un CD cada año?, pero yo pienso que no se trata sólo de escribir y grabar sino de dar testimonio de lo que hemos vivido. Aun si pudiera grabar CD´s a montones, no quiero caer en el error de algunos que buscan su propio provecho.

Cuando grabé el primer CD muchos lo compraron y por donde quiera se promocionó mi música. Me registré en una página que se llama *"MySpace"*. Allí subí mis canciones para que fueran escuchadas. Tantos eran los buenos comentarios que me dejaban, que yo me emocionaba. Mi música se extendió por muchos países y cada vez era más grande el éxito, el problema era que yo no estaba preparado para no marearme con los aplausos y reconocimientos. Pero Dios me estaba cuidando sin que yo me diera cuenta.

Una vez fui a Guadalajara, México, para cantar en un congreso pero me aclararon que sólo interpretaría dos canciones. Yo sentí que no me valoraban y decidí hacerles ver que me desaprovechaban para que reconocieran a *El Serio*. El estadio y el estrado muy bien acondicionados con luces; se había creado una atmósfera de expectación por conocer a *El serio* y escuchar sus canciones. Grandes letreros y anuncios decían *"Viva Cristo en Serio"*. Estaba en el mejor aparador para demostrar a todos mi talento. Se grababa el evento y a la vez era televisado en vivo a España.

Cuando el maestro de ceremonias me presentó, el estadio comenzó a gritar *"¡Serio, Serio, Serio, Serio!"*. Yo hice la entrada como todo un profesional en el *Rap*. Tomé el micrófono, saludé al público e hice lo mío: canté mis dos canciones. Al terminar, todos de pie, no cesaban de aplaudir.

La gente comenzó a gritar: *"¡Otra, otra, otra, otra!"* Yo me encaminé a la escalera del escenario. El maestro de ceremonias me pidió amablemente: *"cántales otra, Serio"*. Hice una expresión despectiva con la cara y le aclaré con mala intención: *"A mí me dijeron que cantara sólo dos canciones"*.

Él me insistió en que interpretara otra y una vez más, le dije molesto: *"No, ustedes tiene otros artistas"*. Bajé del escenario mientras la gente seguía gritando: *"¡Serio, Serio, Serio!"*

a. Retiro en silencio

Unos meses después, fui invitado a un retiro que prometía mucho, en la ciudad de Chicago. Cuando llegamos a ese lugar nos dimos cuenta de que no hubo buena respuesta pues sólo estábamos cinco personas, pero como debíamos permanecer en silencio, no pudimos preguntar nada. Todas las actividades se desarrollaban sin pronunciar una sola palabra. El primer día nos sentaron enfrente del Santísimo para platicar en él. Yo me emocioné porque tenía a mi amigo Jesús conmigo. Estuve por casi una hora. Después me comencé a cansar. Para no poner mucha atención a mi cansancio decidí hacer algunas peticiones.

En dos horas, nadie hablaba ni compartía nada. Me puse de pie y me le acerqué a una religiosa para hacerle una pregunta. Todavía ni le decía nada cuando me hizo una seña con su dedo índice y un pequeño sonido: *"Shhhh"*. Me regresé a mi silla muy molesto. Ya no aguantaba estar sentado. Entonces comencé a deslizarme poco a poco hasta que me senté en la alfombra. Mi cuerpo me lo agradeció. De repente, la hermanita, con cara arrugada y ojos fulminantes, me ordenó: *"'Siéntate en la silla!"*.

Me levanté enojado y me fui para la cocina. La hermana me siguió y me preguntó con una voz muy baja:
- *¿Qué tienes, muchacho?*
- *Si no hacemos nada en una hora más, me voy a salir de aquí.*
- *Les pedimos que hablaran con Jesús mientras están enfrente.*

- *Sí, pero ya me cansé y ya no quiero estar allí. Además, ninguno dice nada y yo ya me enfadé.*
- *Éste es un retiro de silencio* -insistió- *y por lo tanto, tienes que estar callado.*
- *Si no hacen nada en otra hora más, me voy a salir y no me importa que se queden con mi dinero.*
- *¡Shhhhhhh!*-, y regresó a su silla muy molesta.

Ya no tenía nada que hablar con Jesús. En las pocas horas que estuve frente a él se me acabaron las peticiones. Pedí por mi familia, amigos, la Iglesia, el Papa, el fin de las guerras y del aborto, por los que andan en pandillas y drogas, etc. Hasta por el lugar ese, que ya estaba viejo y desprendía un olor de humedad.

Como en Chicago hay muchos salones de baile, mientras estaba frente a Jesús empecé a buscar uno para irme a bailar y luego regresarme para Arkansas.

Más tarde nos dieron de cenar. Sin hacer ruido me fui a mi cuarto. Entrando le pregunté a mi compañero de habitación qué le parecía el retiro y me contestó: *"Shhhhh, no podemos hablar"*. Me sacó tanto onda que casi lo golpeo pero me acordé que ya no podía ser agresivo. Entonces me acosté y me quedé cavilando si me regresaba o no. Tuve que dormir *en silencio*. Creo que hasta estaba prohibido roncar.

Al día siguiente nos despertaron con música suave anunciando el desayuno. Allí me di cuenta de que, de los cinco que estábamos en la noche, se fueron tres. Sólo quedábamos dos y las monjitas. Yo pensé: *"¡Qué maje! ¿Cómo no me largué con ellos?"*.

Terminando el desayuno, lavé mis trastes y regresé a la sala dónde estaba el Santísimo esperándonos. Me senté en mi silla pero sin ver a las monjas que me ponían de mal humor porque estaban tan serias que aquello parecía un funeral.

Empecé de nuevo a contemplar a Jesús. Percibí que alguien se paró junto a mí. No quise voltear, sólo miraba a Jesús. La presencia de esta Persona era grandiosa e imponente. Hasta supuse que venía a reclamarme algo porque era muy impresionante. Me quedé tieso y no hacía nada.

Esta Persona se me acercó más. Sentí que me miraba, me llené de temor ante su grandeza y santidad. Era Dios Padre que venía a platicar conmigo. De repente, escuché una voz que me hablaba: *"Serio, ¿te acuerdas del día que estuviste en Guadalajara?"*. Por mi mente empezó a revelarse la película de aquel congreso al que fui invitado y yo, por orgullo, no quise cantar más.

Con mis ojos cerrados representaba la escena del congreso que empecé a escuchar aquellos gritos de *¡Serio, Serio, Serio!* Dios Padre me cuestionó: *"ese día la gente se enamoró más de 'Serio' que de mi Hijo"*. Me dio mucha tristeza. Mis ojos empezaron a llenarse de lágrimas. Me levanté sin decir nada. Me fui a la cocina porque no soportaba aquel reclamo tan dulce como severo. Preferí esconder mi cabeza, pero aquella Presencia no me dejaba huir. Me volví a sentar en la capilla.

La Presencia me acompañaba y me apretaba por detrás y por delante. Con mucha tristeza me confrontó: *"¿Por qué lo hiciste, Serio?"*. No soporté más, me levanté y esta vez salí hasta la calle pero la Presencia tan poderosa como cariñosa, no se apartaba de mí.

Fuera del edificio seguí llorando arrepentido por mi actitud en aquel concierto. Luego me abrazó diciendo: *"A pesar de todo lo que hiciste, te sigo amando igual, Serio. Sólo te pido un favor, cada vez que estés frente al público busca que la gente conozca más a mi Hijo que a ti; que la luz de mi Hijo brille más que la tuya. Trata de desaparecer tú y que él aparezca en todo lo que hablas y cantas. Por último, no olvides que eres 'El Serio' gracias a mi Hijo Jesús; porque si no fuera por él, tú no serías lo que ahora eres".*

Regresé a Jesús, que me esperaba con las manos abiertas como siempre lo hace. Me arrodillé y con lágrimas en los ojos le supliqué. *"Perdóname, Jesús, por haber enfocado los reflectores en mí, en lugar de mostrar lo que tú has hecho en mi vida. Pensé que yo era el centro de atención pero tu Padre me ha hecho ver qué tanto daño me puede causar el adueñarme de algo que no es mío. Para ti sea todo el honor, todo el poder y toda la gloria".*

Estuve en la frontera de la 'droga' de la vanidad y la soberbia pero el Señor me salvó en mi primer resbalón. Los servidores que hemos sido rescatados de pecados escandalosos tenemos otras tentaciones más peligrosas y graves: si antes ofendíamos a Dios, ahora nos aprovechamos de Él.

b. Abandono el ministerio: enfriamiento y rutina

Después de ese momento tan fuerte, ya no me quería despegar de Jesús. Tenía tantas cosas en mi oración que llené siete hojas por los dos lados. Anotar todo lo que quería decirle a Cristo era mi forma de orar. Al final de mi oración escribí: *"Hoy dejo de cantar y predicar, hasta que aprenda mi lección".*

Dos años duré sin hacer nada. Sólo asistía a las reuniones como cualquier participante. Me sentía avergonzado cada vez que llegaba a las reuniones y la gente me preguntaba qué pasaba conmigo. No sabían lo que había sucedido y no era necesario que lo conocieran.

Mi orgullo ocultaba el gran error cometido por el 'director del movimiento', pues todos me tenían como modelo para seguir a Cristo. No podía permitir que se escandalizaran al saber que su director también se equivocaba. Ésta es otra tentación, pues pretendemos mantener nuestra imagen y buen crédito. Los demás también necesitan saber que tenemos nuestras caídas pero que el Señor nos rescata.

Con todo esto, Jesús estaba sanándome, diciéndome que quitara de enfrente la piedra de la soberbia de usurpar un lugar que a él le corresponde. La suspensión de actividades la decidí yo, no él. Era una forma de castigarme; tratando de lavar o pagar mi culpa.

Cuando resucitó a su amigo Lázaro, pidió que quitaran la piedra del sepulcro aunque se resistían a hacerlo porque ya olía mal. Pero precisamente porque el mal apesta, es por lo que debemos ventilarlo. Jesús quiere que quitemos las piedras con que cubrimos al muerto.

El que no sirve, se enfría. Con el paso del tiempo cada vez más me iba enfriando. Mi vida ya no mostraba a Cristo y me anestesiaba por la rutina. Todos los días eran lo mismo. Me afectó mucho ya no llevar la Palabra de Dios a otros lugares. Esto también era parte del problema. Cuando sales a predicar el mensaje de Dios, siempre terminas comprometiéndote más.

Sentí que Jesús se había alejado de mí pero yo no hacía nada por encontrarlo y me escudaba en que es el pastor el que debe buscar a la oveja, no al contrario. Cuando eso ocurrió, me dieron ganas de distraerme un poco, ir a los bailes y pasarla bien. Creía que porque ya no tomaba alcohol ni usaba drogas tenía derecho a divertirme de forma mundana.

Le pregunté a Jesús que si regresaba a las drogas, a las pandillas o que si dejaba de ser cristiano me iba a seguir amando igual, o acaso tenía que ser su seguidor para que pudiera estar conmigo. Jesús se quedó en silencio por un momento sin proferir palabra alguna. Me sentía muy triste y confundido a la misma vez.

Me recosté en mi cama esperando su respuesta y después de unos minutos, se me acercó y escuché la voz del Buen Pastor que me dijo:

"Hijo, ¿por qué te pones así? Recuerda que yo nunca te llamé para que me conocieras, aunque para mí era muy importante que supieras de mí. Tú fuiste el que me llamó aquella noche que estabas sufriendo con tus adicciones.

Yo hice lo que tú me pediste: necesitabas amor, yo te lo di; necesitabas alguien que estuviera contigo, yo me acerqué; necesitabas que alguien te quitara el vicio de las drogas porque tú solo habías tratado pero tus fuerzas fracasaron, y yo te ayudé. Estabas clamando a mí y yo sólo contesté tus oraciones. Tú escogiste el nombre de "El Serio" y yo te respeté.

Déjame decirte una cosa: Te amo, y no sólo porque eres "El Serio". Te amo 'en serio' porque mi Padre me envió a este mundo a entregar mi vida por todos y en la palabra 'todos' estás incluido tú. ¿Sabes qué, Serio? Si tuviera que morir una vez más sólo por ti, lo haría. Para mí no es importante que te llamen "El Serio" o si hoy dejas de llamarte así. Te seguiré amando igual. Si vuelves a las pandillas o al vicio de las drogas, mi amor por ti seguirá siendo el mismo.

Yo te amo porque eres mi hijo y no porque me representas. Vive como quieras. Tú decide. Lo único que no quiero es verte sufrir. Te amo, Jaime".

Esa noche Jesús terminó llamándome *Jaime* como me nombraron mis padres. Comencé a llorar y le dije que me perdonara, pero que me sentía muy solo y no sabía qué hacer.

Le aseguré que si me iba a seguir amando igual siendo cristiano o sin serlo, mejor quería seguir con él y morir con él. Pero mi fe se estaba debilitando y no sabía cómo regresar al camino correcto. Ahora, Jesús me rescataba, me llamaba por mi nombre y me aseguraba que siempre me seguiría amando.

c. Signos de su Presencia

Una tarde fui de compras a una tienda y me di cuenta de que un niño me seguía. Me detuve y le pregunté a quién buscaba. Sólo sonrió y se fue corriendo. Traté de seguirlo pero ya no lo encontré... Otro día regresábamos de un retiro de jóvenes, estaba todo oscuro y en el estacionamiento de la iglesia, cuando me despedía de una amiga, ella me señaló a mi lado y giré mi cabeza para ver lo qué era: otro niño que me miraba, se fue caminando sin decir una palabra y se perdió al dar la vuelta en la entrada del templo. La verdad, nos dio miedo porque eran como las dos de la mañana y el niño andaba solo.

Le platiqué a mi amiga la experiencia de la tienda con el otro niño pero no supimos interpretar qué era lo que estaba pasando.

d. Sueños proféticos

Una noche, soñé que estaba en la puerta del templo donde se había perdido aquel niño que me miraba muy serio y que nos dio miedo a mi amiga y a mí. El sacerdote salió y me dijo que si por favor podía apagar todas las luces del templo porque él tenía que ir a descansar y le dije que sí; cuando él se fue, comencé a caminar en dirección a la puerta, miré a un niño que se metió corriendo y lo seguí. Al entrar al templo el niño apagó las luces y corrió al tabernáculo donde está el Santísimo.

Le grité que no apagara las luces porque todo quedaba oscuro y yo no podía caminar por temor a caerme pero no me hizo caso. Como pude, llegué al tabernáculo y entré para sacar a ese niño y evitar que hiciera alguna travesura pero no encontré nada porque todo estaba oscuro. Comencé a llamarlo y no me contestaba ni hacía ruido.

Poco a poco empecé a caminar hacia la salida y cuando abrí la puerta, una voz muy fuerte hizo retumbar toda la iglesia diciendo: "*¡Serio!*". Me detuve y pregunté: "*¿Eres tú, Jesús?*" Pero no me contestó nada, después de un momento, abrí la puerta de nuevo y cuando iba a salir retumbó la voz de nuevo: "*¡Serio!*" No sé cómo describir esa voz porque su fuerza no molestaba, sólo hacía temblar aquel lugar.

Seguía todo en silencio, me dirigí hacia la salida y al dar el primer paso, una vez más aquella voz me llamó: "*¡Serio!*". Me di vuelta, caminé hacia el Santísimo y dije: "*Habla Señor, que tu siervo escucha*". Me contestó esta vez diciendo: "*Serio, ámame como antes lo hacías*". Me llené de tristeza e hincándome le dije que yo quería seguir amándolo pero le reclamé por no sentir su presencia; ¿por qué me había dejado solo? Al no recibir respuesta me puse de pie y salí llorando de aquel lugar. De repente, sonó su voz diciendo: "*Serio*". Regresé y una vez más le dije "*Habla Señor, que tu siervo escucha*". Entonces, me dijo con una voz llena de amor y misericordia: "*Serio, nunca me he alejado de ti, a pesar de que tú ya no buscas mi Presencia*". Después de estas palabras ya no me dijo nada. Desperté con lágrimas en los ojos.

A partir de ese sueño comprendí que cuando uno tiene su primer encuentro con Cristo, él es el que hace todo lo posible para que nos enamoremos.

Pero cuando uno se aparta, uno mismo tiene que ir en su busca y hacer todo lo posible para que él nuevamente encienda la llama de amor viva.

Un día le expresé: *"Jesús, si algún día quieres que vuelva a cantar o a predicar tu Nombre, me lo dices"*. Esa misma tarde me llamaron del estado de Utah para invitarme a un concierto. Miré al cielo y sentí cómo Jesús me regalaba una sonrisa. Le dije al Señor que cada día que salga a predicar su Nombre me recuerde que es él, el que debe brillar; que cada vez que necesite de un 'burro' para entrar a Jerusalén, me busque, pues ya estoy 'desatado' de las drogas y el alcohol. Además, que aproveche la oportunidad pues estoy 'desocupado'.

Que en cada ocasión en que cante o predique y la gente empiece a aplaudir, me haga desaparecer y que aparezca él. También le dije a María, su madre que me enseñe a hacer todo lo que Jesús me diga.

e. María

En mi proceso de conversión fui cautivado por la presencia de Jesús que me liberó y por la luz del Espíritu Santo que me revelaba la verdad completa. En mi historia nunca hubo santos ni devociones, peregrinaciones ni material religioso. Así, Jesús, único mediador entre Dios y los hombres, me bastaba y me sobraba. Nada más necesitaba. Pero en la medida que cualquiera va conociendo a Jesús, también conoce a sus discípulos, su plan salvífico y hasta a su familia. Así, me di cuenta de que tenía una madre digna de todo mi respeto y consideración.

Cuanto más me internaba en la vida y ministerio de Jesús, mi único Salvador y el Señor de toda mi vida, fui conociendo mejor el papel de María en la historia de la salvación. No fue mágico ni espectacular sino lo más natural, hasta el día de hoy.

f. El tornado en Arkansas

Otra experiencia maravillosa del poder y la misericordia de Dios, la vivimos más de 500 hermanos en el Congreso de Evangelización que celebrábamos en una carpa el 13 de marzo de 2016; había muchas familias con sus niños. El Sr. Obispo Anthony B. Taylor celebraba la Eucaristía. Durante las lecturas, los teléfonos celulares comenzaron a hacer *"bip, bip"*, dando la alarma que algo pasaba.

El coordinador del evento interrumpió la homilía y dialogó un poco con el celebrante. A ellos se les agregó el director del centro, visiblemente nervioso. El obispo entonces, nos dijo a todos: *"Con toda paz y calma les anuncio que está llegando un tornado a la ciudad y debemos ir al refugio para protegernos. Primero las mujeres con los niños, vayan a los sanitarios"*. Los baños eran las únicas construcciones sólidas, lo demás era de simple lona y materiales frágiles. En esta tierra, donde se presentan con frecuencia, sabemos lo que significa la violencia destructiva de tantos tornados.

Asamblea en oración

Estábamos nerviosos mientras la cuenta regresiva nos avisaba que faltaban ya sólo tres minutos para ser azotados por la furia de la naturaleza. A pesar de que muchos teléfonos se bloquearon por el exceso de conexiones, sabíamos que era inminente el aterrizaje de este fenómeno.

El tornado a punto de tocar tierra

En verdad, el desastre previsto era terrible. Sin embargo, dentro de los baños comenzamos a cantar salmos y a alabar al Señor. Ciertamente el tornado pasaría directo por nuestra ubicación.

Pasaron los tres minutos y nada sentimos...

Al final, nunca bajó.

Una maravillosa protección de Dios, gracias a la fe y la alabanza de su pueblo pero sobre todo, por su misericordia con los que ama frente a la fragilidad de nuestros recursos para defendernos de un meteoro de esta magnitud.

CONCLUSIÓN: Discípulo-Misionero

Quiero agradecer a Dios Padre por llamarme la atención y por enseñarme que *"sin Cristo, nada soy"*. Y estando con él, puedo ser un auténtico discípulo por la acción de su Santo Espíritu, para la gloria de Dios Padre. Amén.

Tanto amó Dios a *Serio*, que le dio a su Único Hijo, para que *Serio* crea en Jesús y no se pierda, sino que tenga vida eterna. Dios no envió a su Hijo al mundo para condenar a *Serio*, sino para que se salve, y se salve *'en Serio'* (Cf. Jn 3,16-17). Ya no pesa ninguna condenación sobre *Serio* porque Jesús ha pagado la cuenta completa con su sangre preciosa. Ahora estoy en paz con Dios, con los demás y conmigo mismo.

¡Gracias, Jesús, porque tú me has amado en serio!

El Concierto en la plaza de la Catedral de Guadalajara, México

Predicando la Palabra del Señor y mi testimonio

EN CRISTO
quiero seguir siendo Jaime o *'El Serio'*,
según su voluntad.
En él está mi Camino, mi Verdad y mi Vida.

Y PARA TI, MI DIOS, ABBÁ,
EN UNIDAD CON EL ESPÍRITU SANTO,
SEA TODO EL HONOR
Y TODA LA GLORIA,
POR CRISTO, CON CRISTO
Y EN CRISTO.

AMÉN.

ORACIÓN

Padre bueno, te doy gracias por haber enviado a tu Hijo Jesús aquella noche tan oscura de mi vida para rescatarme.

Gracias te doy Jesús por haberme alcanzado cuando corría como un loco sin saber a dónde iba.

Me hubiera gustado conocerte desde que era morrito para no ofenderte con todo lo que hice, pero todo sirve para bien, pues donde abunda el pecado sobreabunda tu amor misericordioso. Yo soy testigo.

Todo ha servido para bien, Señor Jesús.

De otra forma no hubiera valorado a mi familia como lo hago hoy.

En verdad, tu plan es perfecto.

Gracias por abrazarme y hacerme sentir que a pesar de mis errores también soy tu hijo.

Nunca había experimentado un abrazo tan chido de nadie.

Nunca había disfrutado de este amor tan sincero que sólo tú sabes dar.

Ahora soy capaz de asegurarle a todos los rechazados por la sociedad que nos has enviado tu Santo Espíritu para vivir la vida nueva.

Te pido por todos mis carnales drogadictos, pandilleros y alcohólicos que se encuentran esclavos.

Rescata a aquellos que mueren espiritualmente haciendo maldades y destruyendo sus familias.

Si lo hiciste en mí, lo puedes hacer en cualquiera.

Ten misericordia de todos aquellos que están alejados de ti para que algún día, al igual que yo, se dejen alcanzar y amar por ti, que sabes amar "en serio".

Padre, en el nombre de tu Hijo Jesús, cancela toda obra del enemigo que los oprime.

Abre sus ojos, perdona sus pecados y rescátalos de esos panteones de muerte.

De igual forma, consuela a las familias de cada uno de ellos para que no se cansen de orar, pues tú siempre respondes a las oraciones de los padres atribulados.

Señor Jesús, no permitas que se desperdicie tu sangre preciosa. Dame la gracia de perseverar hasta el fin en este camino donde tú me estás esperando para regalarme la corona de la justicia.

Así, yo que en ti he muerto al pecado, reinaré contigo por toda la eternidad.

Espíritu Santo, tú que haces nuevas todas las cosas, transforma la vida de mis 'invisibes' para que lleguen a ser criaturas nuevas, renacidas en Cristo Jesús.

Derrama un nuevo Pentecostés para que todos los que somos rescatados formemos una familia, el Cuerpo de Cristo Jesús, por el poder de su resurrección.

Nosotros, los que fuimos grandes pecadores somos las llagas del cuerpo de Cristo.

Pero esas llagas ahora son fuente de luz y a través de ellas, tú curas y salvas a otros.

Amén.

LIBROS DE JOSÉ H. PRADO FLORES

Libros en preparación

COLECCIÓN "SAN ANDRÉS"
PARA ESCUELAS DE EVANGELIZACIÓN
Primera Etapa

1. Nueva Vida #
2. Emaús #
3. Juan #
4. Jesús en los cuatro Evangelios #
5. Historia de la Salvación #
6. Moisés #
7. Dichosos Ustedes #

Segunda Etapa

8. Pablo / Tito (Con Dexter A. Reyes) #
9. Dynamis (Con P. Emiliano Tardif) #
10. Timoteo
11. Secreto de Pablo #
12. Apolo (Con Salvador Gómez) #
13. Damasco #
14. María (Con Vilma Stanislavski) #

Tercera Etapa

15. Maranathá: Testigos de esperanza
    (P. Luis Alfonso Zepeda)
16. Pueblo de Dios: Iglesia &
17. San Jerónimo: Interpretación de la Biblia &
18. Introducción a la Biblia &
19. Teología bíblica: Grandes temas bíblicos &
20. El Río de la Vida: Liturgia (P. Roberto Scalli) &
21. Esdras y Nehemías: Formación de Líderes &

Opcionales

22. Siete jóvenes del Evangelio +
    (Con Ângela M. Chineze y Macías C.)
23. Tetélestai #
24. José el Soñador (Con Ângela Chineze) #
25. Pablo: Formador de formadores &

* Agotados   + En revisión
# A colores (Edición 2014-2016)   & En preparación